LA VIE ET LES OUVRAGES

DE

JEAN-JACQUES ROUSSEAU

SOCIÉTÉ DES TEXTES FRANÇAIS MODERNES

BERNARDIN DE SAINT-PIERRE

LA VIE ET LES OUVRAGES

DE

JEAN-JACQUES ROUSSEAU

ÉDITION CRITIQUE

PUBLIÉE AVEC DE NOMBREUX FRAGMENTS INÉDITS

PAR

MAURICE SOURIAU

PARIS

PUBLICATIONS DE LA Sté Nelle DE LIBRAIRIE ET D'ÉDITION

ÉDOUARD CORNÉLY ET Cie, ÉDITEURS

101, RUE DE VAUGIRARD, 101

—

1907

A Monsieur BAYET,

DIRECTFUR DE L'ENSEIGNEMENT SUPÉRIEUR

AVANT-PROPOS

I. La publication d'Aimé Martin. — II. Ce que B. de Saint-Pierre voulait faire. — III. État actuel des manuscrits. — IV. Notre méthode de publication. — V. Orthographe, accentuation, ponctuation.

I

Le livre sur J.-J. Rousseau projeté par B. de Saint-Pierre a été édité par Aimé Martin avec sa légèreté coutumière [1]. Pour faire valoir ses mérites personnels, l'infidèle secrétaire parle avec un certain dédain des éléments informes qu'il a découverts dans les papiers de son maître : « Parmi les notes qui devaient servir de matériaux à l'ouvrage de Bernardin de Saint-Pierre, il en est un grand nombre que leur imperfection ne nous permet pas d'introduire dans le fragment que nous publions [2]. » Or Aimé Martin a trouvé dans ces manuscrits non seulement des fragments désunis, mais encore une partie déjà complètement mise en œuvre, dix folios écrits au recto et au verso d'une écriture très serrée, et faisant à peu près une trentaine de pages de cette édition [3]. C'est un ensemble, un tout, que Bernardin avait soumis à un premier travail de révision. Cela n'empêche pas Aimé Martin, même pour cette partie qu'il a, dans l'en-

1. *Œuvres posthumes* (Lefèvre, 1836), p. 427-455.
2. P. 431, col. 1.
3. Manuscrits de la bibliothèque du Havre, dossier XCVIII, folios 1-10.

semble, à peu près exactement reproduite, de se permettre des corrections fort importantes. Ainsi on lit dans le texte imprimé par Martin : « Il était né à Genève, en 1712, d'un père de la religion réformée, et horloger de profession. Sa naissance coûta la vie à sa mère. C'était une femme d'esprit, qui faisait même des vers agréablement [1]. » Bernardin avait écrit : « Il été né à Genève en 1708 d'un père de la religion réformée et horloger de profession. Il avait un frère dont il était le cadet. Ils furent élevés par leur mère et par la sœur de sa mère, qui étaient si tendrement unies que lorsqu'elles les menaient promener on doutait à leur affection commune à laquelle des deux ils appartenaient, etc. [2]. » De pareilles modifications ne sont pas rares, même dans cette partie qui a été relativement respectée par Aimé Martin.

Du reste on aurait dû depuis longtemps se méfier de cette publication, car Aimé Martin avait bien voulu prévenir le lecteur que, si les idées de Bernardin avaient été conservées, la forme en grande partie était de lui, Martin : « Ces notes n'étaient que des indications : il fallait ou les laisser perdre, ou essayer de les rédiger en leur conservant toute leur simplicité. Quelque désavantage qu'il y eût à entreprendre un pareil travail, il ne nous était pas permis de balancer [3]. »

Et non seulement il n'a pas balancé, mais encore ce qu'il indique modestement comme une sorte de mise au point ressemble beaucoup plutôt à une restauration complète, à une réfection totale de l'œuvre inachevée. Ainsi on connaît l'anecdote de J.-J. Rousseau au théâtre avec Bernardin : « Nous allâmes nous mettre dans un coin, du côté de la loge de la reine. La foule et le bruit augmentant, nous étouffions. L'envie me prit de le nommer dans l'espérance que ceux qui l'environnaient le protégeraient contre la foule. Cependant je balançai longtemps, dans la crainte de faire une chose qui lui déplût. Enfin, m'adressant au groupe qui était devant moi, je me hasardai de pronon-

1. P. 436, col. 2.
2. XCVIII, 2.
3. P. 431, col. 1.

cer le nom de Rousseau, en recommandant le secret. A peine cette parole fut-elle dite, qu'il se fit un grand silence. On le considérait respectueusement, et c'était à qui nous garantirait de la foule, sans que personne répétât le nom que j'avais prononcé. J'admirai ce trait de discrétion, rare dans le caractère national ; et ce sentiment de vénération me prouva le pouvoir de la présence d'un grand homme. » Ces douze lignes sont fabriquées par Martin à l'aide de cette simple indication du manuscrit : « Nous allons nous mettre dans un coin : le monde abonda, nous étouffons. je dis à mes voisins : n'en parlez pas, voilà M. R. Il se fit une barrière [1]. »

Pour mesurer l'importance de ces travestissements, il me suffira de dire que, à partir de ces mots, « il me semble que le caractère, etc. », p. 445, col. 2, jusqu'à la fin, c'est-à-dire au moins pour la moitié de sa publication, Aimé Martin a fait imprimer le texte qu'il prête à Bernardin non pas d'après le ms. original, mais d'après une copie [2]. Cette copie est elle-même un premier arrangement, fait probablement par Mme Désirée de Saint-Pierre à l'aide des fragments originaux conservés au ms. XCVIII, liasse 3, folios 101 et suivants. Sur cette copie Aimé Martin s'est permis toutes sortes de changements : corrections, suppressions, transpositions.

On voit déjà, par ce simple aperçu, que le travail de Martin ne ressemble guère au livre projeté par B. de Saint-Pierre. Nous pouvons donc le considérer comme nul et non avenu, le rejeter au tas de ces œuvres soi-disant posthumes, dont j'ai démontré ailleurs le caractère apocryphe [3].

---

1. P. 451, col. 1-2 ; XCVIII, 105. De même pour l'anecdote du silencieux Dauphinois, p. 450, col. 2 : elle est imprimée d'après une copie qui développe en douze lignes quatre lignes de Bernardin, cf. XCVIII, 27-28 et 102.

2. XCVIII, 11 sqq.

3. *Bernardin de Saint-Pierre d'après ses manuscrits. — Le Texte authentique des Harmonies de la Nature. — Empsael et Zoraïde.*

II

Qu'est-ce donc que Bernardin avait eu l'intention de faire ? Une apologie de son ami mort. Il voulait défendre la mémoire de Jean-Jacques contre les libelles et les calomnies. C'est ainsi qu'on trouve dans le dossier consacré à cette biographie un projet de lettre pour disculper Rousseau d'être l'auteur d'une brochure contre G. Keit [1].

C'est presque aussitôt après la mort de Rousseau qu'il dut se mettre à l'œuvre. En juillet 1778, il s'éloigne du monde, même de ses amis intimes, pour se livrer tout entier à son deuil [2] : c'est vers cette époque qu'il commence son apologie, car en tête de l'exorde qu'il a laissé interrompu, il dit : « Il y a environ huit ans que j'étais au Cap de Bonne-Espérance au mois de janvier [3]. » Or il était au Cap en janvier 1771 [4]. On peut donc, à peu près certainement, dire que B. de Saint-Pierre avait pris la plume à la fin de 1778. On peut même supposer qu'il se mit à l'œuvre dès cette fameuse séance du 25 août 1778 où l'Académie française proposa, comme sujet de concours de poésie pour 1779, l'éloge de Voltaire [5]. Bernardin revient plusieurs fois sur cet éloge de Voltaire, qui dut être un stimulant pour lui. Nous savons d'autre part que l'affaire de la trahison de son frère Dutailli modifia les projets de Bernardin : il interrompit son apologie de Rousseau, pour s'occuper, dit-il, « d'une défense encore plus sacrée », en mars 1779 : il laissa son ébauche dans ses cartons [6].

Il comptait, au début de son travail, utiliser non seulement leurs conversations intimes et inédites, mais encore les ouvrages de son ami : ainsi, dans ses notes, après cette rubrique : *Sur sa*

1. XCVIII, 140.
2. *Bernardin de Saint-Pierre d'après ses manuscrits*, p. 141.
3. XCVIII, 101.
4. *Bernardin de Saint-Pierre etc.*, p. 118-119.
5. Mesnard, *Histoire de l'Académie française*, p. 145.
6. XCVIII, 140.

piété, respect pour Dieu, on trouve simplement une citation du *Vicaire Savoyard* [1].

Enfin il semble bien que son intention n'était pas d'écrire un livre ayant une forme didactique et achevée ; une partie tout au moins de l'ouvrage devait être publiée à l'état fragmentaire, car il dit dans sa préface, ou dans son premier chapitre, en parlant des *Confessions* qu'il n'a pas lues, mais dont Rousseau lui avait parlé : « Ces fragments, le style à part, peuvent en être considérés comme une espèce de supplément [2]. » D'autres morceaux devaient être au contraire d'une forme très soignée. Ainsi il voulait écrire en dialogue le récit d'une de leur promenades, de façon à mettre en lumière « toutes les affections de son cœur [3] ».

III

Du livre projeté et interrompu, voici ce qui subsiste dans les mss. de la Bibliothèque du Havre. Sans compter un certain nombre de fragments dispersés dans la masse de ces papiers, et que j'ai utilisés de mon mieux, le plus gros de l'œuvre est contenu dans le dossier XCVIII qui comprend trois liasses.

Dans la première, figure, aux folios 1-10, la partie déjà rédigée dont j'ai parlé plus haut : elle forme un tout ; c'est celle que Bernardin semble avoir brusquement abandonnée, lors de l'affaire Dutailli. Ce n'est pas encore une mise au net: c'est une première ou seconde rédaction, écrite au courant de la plume, et corrigée ensuite, ainsi que le prouvent deux sortes de corrections, les unes où, sur la même ligne, un mot est biffé et remplacé immédiatement par un autre ; les secondes, où les mots corrigés sont suppléés en interligne : ainsi au folio 8, ligne 26, au recto, on trouve ces deux sortes de corrections que je reproduis en mettant en italique les mots biffés :

1. XCVIII, 116.
2. XCVIII, 153.
3. XCVIII, 116.

affections de la sienne
raportoit apliquoit les *sentiments de son cœur* a toutes les
operations de jouissances de ses sens.

D'autres fois on voit que, en se relisant, Bernardin a remarqué des repétitions du même mot à de trop courts intervalles :
il les supprime soigneusement à l'aide de synonymes.

D'autres corrections sont plus suggestives encore : au folio 5
on trouve ceci :

« *Après avoir jetté* il avoit epousé Mlle le vasseur du pays de
« bresse, de la religion catholique — *dont il n'a point eu d'en-*
« *fans.*

« Après avoir jetté un coup d'œil sur les evenements de sa
« vie, etc. »

On voit là Bernardin commençant une phrase, l'interrom-
pant pour noter un dernier détail biographique, puis reprenant
la phrase interrompue. On voit aussi qu'il avait soigneusement
transcrit toutes les confidences de Rousseau, même celles qui
étaient fausses : « dont il n'a point eu d'enfants ». Mieux infor-
mé, il corrige l'erreur, avec une entière bonne foi.

Tout le reste de cette première liasse, du folio 11 au folio 60,
et la seconde liasse en entier, du folio 61 au folio 100, sont
remplis uniquement par des copies faites en vue de la publication
d'Aimé Martin. J'ai déjà dit quelle était la valeur de ces copies.
Naturellement je n'en ai tenu aucun compte dans cette publication. Par contre, j'ai utilisé soigneusement les notes préparées
par B. de Saint-Pierre, écrites uniquement de sa main : elles
remplissent la troisième liasse, folios 101-172, avec cette observation d'Aimé Martin sur la feuille de garde : « Morceaux qui
ont été copiés pour servir au fragt. sur Rousseau ». Comme on
le verra en lisant cette édition, ce sont des notes prises pour
écrire un livre, plutôt qu'un livre.

IV

Je n'ai tiré de cette masse de notes que ce qui concerne directement Rousseau, laissant de côté les réflexions trop générales, qui n'intéressent que B. de Saint-Pierre, puisqu'elles sont simplement des idées à côté du sujet.

J'ai négligé également les notes que B. de Saint-Pierre avait prises de seconde main, me conformant à l'excellente méthode qu'il comptait suivre lui-même dans sa rédaction définitive : ne raconter que ce dont il avait été témoin, ne rapporter que les paroles qu'il avait directement entendues [1].

Quant à l'ordre dans lequel j'ai rangé ces documents, il n'a rien d'arbitraire : je me suis contenté de suivre le plan que B. de Saint-Pierre avait conçu, en mettant à profit les nombreuses indications d'ordre qu'on retrouve dans ses manuscrits.

Sans doute, ainsi qu'il arrive pour tous les plans que nous combinons, il y a des flottements dans ces divisions projetées. Ainsi Bernardin avait pensé à placer les différentes anecdotes sur Rousseau botaniste « au commencement du jugement » [2]. Mais il change d'avis et préfère mettre tous les détails sur la botanique dans le chapitre consacré aux écrits : dans la liste « des ouvrages qu'il avait voulu faire et qu'il a laissés imparfaits », » il place, au numéro 3, les leçons de botanique, et il ajoute : « mettre ici tout ce qu'il pensait sur la botanique [3] ». Il avait également songé à faire suivre le chapitre des ouvrages par l'étude du caractère : dans une note d'une demi-page, intitulée *sur ses ouvrages*, il dit : « comme nous le verrons dans son caractère » [4]. Il comptait, à ce même moment, diviser la partie anecdotique de son étude en trois parties, dans l'ordre suivant : « sa personne, son esprit, son cœur » [5]. Mais la partie com-

1. XCVIII, 2.
2. XCVIII, 138.
3. XCVIII, 128.
4. XCVIII, 127.
5. XCVIII, 147.

plètement rédigée [1] montre qu'il s'était décidé à modifier cet ordre, et à étudier d'abord la personne, puis le cœur.

En cas d'indications contradictoires, et quand je n'avais pas, pour me guider, des raisons intrinsèques, j'ai opté pour le plan le plus logique, en supposant que Bernardin aurait fini par se rallier lui-même au système le plus rationnel. Du reste les indications du manuscrit sont presque toujours assez claires, assez certaines, pour que je puisse dire : en somme j'ai suivi le plan même de Bernardin.

C'est ainsi que, au rebours d'Aimé Martin qui place à la fin de sa publication le *parallèle de Voltaire et de J.-J. Rousseau* [2], et n'en donne du reste qu'un fragment, je le publie, aussi complet que possible, en tête de ce livre, car Bernardin le destinait à servir de préface à la biographie de son ami [3].

Viennent ensuite, comme le voulait Bernardin, les anecdotes sur la personne de Rousseau, puis le chapitre sur le cœur, autrement dit sur le caractère ; il comptait l'étudier en deux parties : le caractère social, c'est-à-dire le caractère de Rousseau, tel qu'il apparaissait aux gens du monde, modifié par la société, puis son caractère véritable, ou naturel. Voici en effet quelle était sa division sur ce point :

« Plan du caractère social : méfiant, timide, solitaire, triste, « caustique, fier.

« Plan du caractère naturel : gai, humain, compatissant, sensible, « franc, amical et confiant, religieux, simple, le trait du joueur « de gobelets hollandais [4]. »

Sauf ce dernier détail que je n'ai pu découvrir dans les papiers de Bernardin [5] on retrouvera tout cela dans cette édition.

Viendront ensuite, toujours conformément aux intentions de

---

1. XCVIII, 1-10. Du reste, comme on peut le voir par une note marginale au folio 7. il n'était pas encore satisfait de l'ordre adopté même dans cette partie rédigée et comptait en retirer certains passages pour les placer autre part.
2. *Œuvres posthumes*, p. 453-455.
3. CXXIV, 6.
4. XCVIII, 113.
5. Ce trait lui a-t-il semblé faire double emploi avec la scène du joueur de gobelets dans *l'Émile* ?

l'auteur, un chapitre sur l'esprit de Jean-Jacques, un autre sur
ses ouvrages, un autre sur sa philosophie, et une conclusion sur
sa mort.

On voit donc quelle différence il y a entre ce nouveau texte
et celui d'Aimé Martin. Martin a fait comme ces architectes
vaniteux et peu scrupuleux qui, sous prétexte de restauration,
refont une œuvre, de fond en comble, au gré de leur fantaisie.
Je me suis contenté de ramener à la lumière ce qui subsiste de
l'œuvre projetée : partie complète, gros morceaux, etc. ; quant
aux menus fragments, je les ai rapprochés d'après leurs affinités,
comme on fait dans les musées archéologiques.

V

Le texte qu'on va lire est la reproduction exacte du manuscrit,
avec les corrections, les variantes intéressantes, et l'orthographe : Bernardin, on le sait, attachait une réelle importance
aux questions d'orthographe [1] ; mais, il ne faut pas l'oublier, nous
avons dans ses manuscrits non pas une mise au net prête pour
l'impression, mais de l'écriture courante, avec la négligence que
l'on apporte toujours en pareil cas à former les lettres, à tracer
par exemple les trois jambages de l'*m*. C'est ainsi que, pour
écrire *homme*, Bernardin met tantôt *honne*, tantôt *homne*, ou
encore *home*, etc.

D'autres fois, pour les règles d'accord du participe ou de l'adjec-
tif, il ne faudrait pas conclure d'une irrégularité apparente à
une théorie arrêtée, chez Bernardin. Ainsi quand on trouve :
« il avoit les pieds très sensible », il n'y a pas à s'arrêter à ce fait
que *pieds* est au pluriel et *sensible* au singulier ; cela tient tout
simplement à ce que l'auteur avait mis d'abord : *il etoit très
sensible*. Puis il a supprimé *etoit*, a écrit en interligne *avoit les
pieds*, et a négligé d'ajouter une *s* à *sensible*. J'ai eu soin de
marquer en note les variantes qui expliquent ces négligences. Il

---

1. *Bernardin de Saint-Pierre d'après ses manuscrits*, p. 282 ; *Bernardin
de Saint-Pierre, son caractère*, p. 19-20.

y a du reste nombre de lapsus sans autre explication que celle que je donnais tout à l'heure : chacun de nous, en prenant des notes pour lui-même, commet de ces irrégularités.

Quant à l'accentuation, elle est très fantaisiste : lorsque Bernardin y songe, il met un point sur un *e* au lieu d'un accent, aussi bien que l'accent convenable.

La ponctuation n'existant pas dans ces papiers de Bernardin, j'ai été obligé d'y suppléer moi-même : je n'ai pas voulu exposer le lecteur à une fatigue inutile, mais très réelle, car je l'ai ressentie en copiant ces manuscrits dont la lecture ressemble trop souvent à un véritable déchiffrement.

Dans la même intention les apostrophes qui manquaient dans des cas semblables à *jai* pour *j'ai* ont été rétablies. Nous avons mis également aux noms propres et aux mots qui commencent une phrase les majuscules que B. de Saint-Pierre remplace le plus ordinairement par des lettres simples.

Enfin nous n'avons pas poussé l'exactitude jusqu'au fétichisme en reproduisant les simples négligences de plume : quand l'auteur écrivait *conne*, *hone* ou *honne*, il voulait évidemment mettre *comme*, *home* ou *homme*, c'est ce que nous avons imprimé.

Il ne me reste plus qu'à remercier M. Albert Cahen, inspecteur d'Académie de la Seine, à qui la *Société des Textes français modernes* avait confié le soin de revoir mon manuscrit. Ses conseils, que j'ai suivis, ont beaucoup servi, je crois, à rendre mon livre meilleur.

[PRÉFACE]

[PARALLÈLE DE VOLTAIRE ET DE ROUSSEAU]

L'Academie Françoise a proposé, pour prix de 1769[1], l'eloge en vers de Mr de Voltaire[2].... ; j'aurois pu oposer eloge a eloge, mais le mieux fait n'est jamais que la moitié de la verité. L'eloge n'est pas meme un profil.
5 La mort, qui a mis en terre (?) l'egalité, fait cesser tout contraste. L'academie peut etre fondée a n'exiger que des fleurs. Moi je travaille pour la posterité, pour ma nation, pour toutes les ames sensibles. Je parlerai de sa persone, de son caractere, de son esprit, et de son cœur ;
10 je formerai ces tableaux sans art des traits, anecdotes, maximes, reflexions, promenades, conversations, brusqueries, voyages, amitiés. Je n'oublierai pas ses defauts, les grands homes peuvent les montrer.

Je le peindrai avec ses defauts, et je ne crains pas de
15 l'oposer aux eloges de tous les homes loués par toutes les academies. Un eloge n'est que le buste, il faut montrer la statue entiere des grands homes [XCVIII, f. 136][3].

Pour le donner au public, j'ai cru que ce seroit une epoque que le temps qu'a choisi l'Academie Françoise pour
20 celebrer l'eloge de M. de Voltaire. Le public a toujours

1. Sic, pour 1779.
2. Les lignes qui suivent et que je supprime ont été reprises dans les autres exordes du parallèle entre Voltaire et Rousseau.
3. La plus grande partie de ces références étant tirées du dossier XCVIII, je n'indiquerai le dossier et le folio que pour les références tirées des autres dossiers: toutes celles qui proviennent du dossier XCVIII seront simplement indiquées par le chiffre du folio.

pris plaisir a faire aller de pair, ou a oposer, ces deux homes a jamais celebres. Quoi qu'ils ayent eu plusieurs choses de commun je trouve que [par] leur philosophie leurs talens, leurs ecrits, leurs inclinations, leurs meurs,
5 leur fortune, ils ont contrasté l'un et l'autre d'une maniere etonnante.

Tous deux cependant ont eu le but qui convient a de grandes ames : le bonheur du genre humain. Volt., tout occupé de ce qui peut nuire aux homes..., foudroie
10 le fanatisme, la superstition, le despotisme, l'amour des conquetes ; mais il n'est occupé qu'a detruire. Rousseau, au contraire, occupé de ce qui peut leur etre utile, s'efforce sans cesse d'elever et de batir ; après avoir netoyé la place dans 2 discours academiques il offre un azile au
15 repentir, des arguments qui terrassent l'atheisme, un tableau de l'amour champetre, un plan de reforme, un plan d'education, un contrat social.

Tous deux dans leur vol hardy (c'est celui du genie) ont remonté aux principes des choses sur lesquels pose
20 le bonheur des homes : la religion, les mœurs, le gouvernement ; après avoir examine et ecarté de la base ce qu'ils voyent l'ouvrage des homes, l'un l'examine et raffermit les fondements, l'autre finit par tout renverser [f. 130].

25   *Début : sur les éloges.*

Je ne fais point son eloge. C'est un genre a la mode, mais contre lequel la posterité sera aussi en garde que contre celui de [la] satyre, sans conter que la beauté morale ainsi que celle de la nature ne nait que des con-
30 trastes, des imperfections vaincues, et que touttes les fois qu'on a voulu peindre un home parfait, il n'interesse point : que si on le met toujours heureux, sage, encore

moins. Ainsi on ne lit point le panegirique de Trajan, malgré son eloquence, et on lit son histoire. L'heureux Grandison n'excite point d'interest. Le sage et le divin Fenelon, qui nous a doné l'exemple et le modele, n'a
5 point presente dans son Telemaque un heros parfait... Quand a lui,... je le trouve plus grand dans la maniere dont il repara ses fautes en s'accusant..., ou montant en chaire pour condamner ses ouvrages...

Je conpare les grands homes a ces beaux printems
10 du nord ou le verd est d'autant plus frais, plus gai, que l'hyver a ete plus rude [f. 44].

Preface : oposition avec Voltaire

L'un, en examinant les plus grandes reputations, les ebranle ; l'autre les rafermit, et tire et met en celebrité
15 des ouvrages obscurs : le Robinson.

L'un met dans ses vers la facilité de la prose ; si la poesie de Corneille est majestueuse, celle de Racine elegante, celle de Voltaire [est] facile ; l'autre, dans sa prose,[met] l'harmonie de la poesie [f. 166].

20 ### Preface

Voltaire detruit ce qui nuit aux homes ; l'autre eleve ce qui leur est utile ; l'un [attaque] le fanatisme dans Mahomet, la fureur des conquetes dans Alzire, le despotisme dans Cæsar : l'autre tache d'elever une retraitte au
25 repentir dans la Nouvelle Heloise, une education dans Emile, un contrat social [f. 166].

Chacun a sa maniere de sentir : Homere me transporte, Virgile m'enchante ; quand j'ai mis le nés dans V[oltaire], je ne scaurois le quitter : il me semble que
30 j'ai bu du sorbet frais, parfumé ; mais R. [il me semble] que j'ai bu de l'eau de vie [f. 160].

Parallele de Mr de V. à Mr Rousseau

Ils ont eté tous deux très celebres; ils ont eu cela de
comun, qu'ils ont ecrit sur la religion, qu'ils ont vecu
dans le meme tems, et mort a peu près dans le meme,
5 R. a l'age de 70 en 1778 au mois de juillet, lorsqu'il
etoit content, dans une canpagne agreable, V. au
comble de la gloire.

Mais tous deux ont eu cette oposition, que V. au
comble de la fortune, Rousseau de la pauvreté, offrant et
10 cherchant un asile contre la vieille¹, et Voltaire ayant
aussi loué une maison; mais R. a la campagne, après
avoir passé malgré lui tant d'anée a la ville, l'autre ayant
au contraire vecu a la campagne et venant chercher une
retraitte a la ville.

15   La philosophie du 1er a ete de plaire aux riches:
gaudeant benè nati; dans le tems qu'il jette sur la
religion ses sarcasmes, il sacrifie les ouvriers labo-
rieux de la vigne, les habitués, il se prosterne aux pieds
des papes, des cardinaux, des eveques; l'autre prend pour
20 son heros celui qui travaille, le vicaire savoyard, et
attaque les grands; l'un aime la religion, et semble se
plaindre de ce que sa cariere n'est pas tracée... Le 1er
disoit du mal, le 2e du bien.

   En talens.

25   Le 1er, universel, a tout traité; quelle grace, legereté,
charme dans sa poesie legere. Persone, me disoit M^r
Rousseau, n'a mieux reussi a faire un compliment. Son
1er mouvement etoit d'etre bon: la reflexion le rendoit méchant. Le 1er [avait] une grande facilité, l'autre
30 effaçoit, et composait difficilement. Le 1er [était célèbre]
par ses bons mots, reparties promptes et vives; l'autre

1. Sic pour *vieillesse.*

[disait] : « Je n'ai d'esprit qu'une demie heure après les autres : je soutiens (?) alors precisement ce qu'il falloit dire. »

L'un travailloit pour les riches, l'autre les riches pour
5 lui. Rousseau a excellé dans la musique, la poesie de sentiment, la prose profonde : il est l'avocat des malheureus, du genre humain ; la botanique, un gout exquis dans les arts...

L'autre a eu tout le reste : chansons, satires, odes,
10 fables, histoire, geometrie de Neuton, tragedie comedie ; a deux ils reunissoient toutes les muses.

L'un semble toujours occupé a detruire, l'autre a batir et a reparer ; dans son Héloise il offre une porte au repentir ; dans son Émile il cherche a reformer (?) une
15 education.

Quand a moi la gayeté de Voltaire m'atriste, la tristesse de Rousseau me console, et c'est une chose singuliere qu'avec sa gayeté, vous sortés haissant le genre humain, mecontent ou de vous ou d'autrui[1].
20 L'un adoroit la nature, la solitude, l'autre la societé, la representation [f. 120].

Reputation

Leur reputation a été universelle en Europe ; celle de Voltaire a bien plus d'etendue, mais celle de Rouss. a
25 ce me semble plus de profondeur. Cependant celle de Voltaire est bien plus universelle. On l'a traduit dans plusieurs langues ; plusieurs de ses ouvrages en russe, en italien, en allemand, en anglois ; par ses graces et sa facili-

---

1. « L'esprit a fait tort a l'home de genie dans Volt : qu'il apelloit l'esprit du siecle. Le siecle a influé sur V., et R. a influé sur son siecle. la gayeté de V. m'atriste, la tristesse de R. me console » [f. 149].

té ingénieuse de mettre à la portée de tous les notions
les plus abstrait[e]s et les plus relevé[e]s, il étoit tellement conu du peuple que c'etoit une affluence de
monde lorsqu'il sortoit ; que, dans sa derniere maladie,
5 j'ai vu au carefour, et dans les places publiques, les
portes faix et les femes des halles se demander des nouvelles de Voltaire ; le peuple avoit encore de lui l'idée
d'un homme riche et heureux, ce qui ajoute a son estime.
Rousseau au contraire en etoit peu connu : il en a
10 eprouvé plusieurs insultes, come nous le dirons, lui qui
[s'etoit] tant ocupé de son bonheur. Mais l'autre avoit
travaillé pour ses plaisirs. Quand a la classe mitoyenne des
citoyens, qui [est] également loin de l'indigence et de la
richesse, [et qui] semble être le juge naturel du meritte,
15 on feroit une bibliothèque des vers qui ont été faits a sa
louange. Il a été aplaudi... par [tous] les etats de la societe
qu'il a [tous] loués avec bien de l'esprit. Personne ne
faisoit mieux un compliment, selon R. Celui-ci au contraire a dit du mal des militaires, artistes, negotiants,
20 acteurs, gens de lettres, avocats, medecins, finan-
ciers : cependant il a des sectateurs dans toutes ces conditions dont il a dit du mal, tandis que l'autre, qui les a
loues, n'y a que des partisans. C'est que Volt. ne reclame
gueres que les droits de la societe, tandis que l'autre
25 deffend ceux de la nature ; qu'il est peu d'home qui a la
longue ne soit mecontent de ses contemporains, qui ne
soit bien aise de se retrouver, d'entendre son cœur
repondre encore a cette voix sacree, et ne pardone de
bon cœur a Rousseau le mal qu'il dit du citoyen en faveur
30 de l'interest qu'il prend à l'home. Quand a l'opinion de

21 En interligne : *plusieurs... ont aplaudi a ses maximes, d'autres ont voulu pratiquer celles de Rousseau*

ceux qui par leur etat sont assés miserables pour n'y redescendre presque jamais, elle est toute entiere en faveur de Voltaire. Il a été comblé de présens, de compli-mens, par les riches, les grands, par des souverains et des
5 papes meme ; l'Imperat. de Russie lui fait dresser une statue, et batir une maison semblable a celle de Ferney. Le roi de Prusse a fait des vers a sa louange. Rousseau au contraire a vu le Roi de Pologne, Stanislas le bienfai-sant, prendre la plume pour le refuter. Mais en cela
10 meme sa gloire me paroit plus grande ; il est plus glo-rieux d'avoir des rois pour rivaux que pour flatteurs. Philipe distribuoit des couronnes dans les jeux de la Grece, Alexandre y auroit combattu s'il y avoit vu un roi [f. 110].
15 Ce goust pour les puissans et ce respect pour les infortunés se manifeste, dans l'un et l'autre, dans la guerre qu'ils declarent au pretre ; car, dans la haine que V. porte a la religion, il accable de ses armes les ordres mendians, les habitués de paroisse, les milices subal-
20 ternes de l'eglise, mais il dédie ses ouvrages et offre son encens a ses princes et au chef meme auquel il n'est pas indifferent. L'autre prend pour son pontife un pauvre vicaire savoyard, et, respectant dans ses utiles travaux l'ouvrier malheureux de la vigne, il ne s'indigne que contre
25 ceux qui s'enivrent de son vin.
La gloire litteraire de tous deux a été tres grande, et convenable toutefois a leur caractere : Voltaire s'est vu felicité, complimenté par des rois victorieux ; Rousseau a été combattu par Stanislas le bienfaisant. Il paroit bien
30 plus glorieux au premier coup d'œil d'avoir des rois pour

---

1. Quelques notes prises en vue de ce morceau figurent au même dos-sier, folio 131.

flatteurs que pour rivaux... Philipe donnoit des couronnes a ceux qui couroient dans la carrière, mais
Alexandre y seroit descendu, s'il y avoit vu des rois...

Tous deux ont eu un vaste genie, et ont fait des fautes :
5 mais, dans Volt., l'home d'esprit fait tort souvent a l'home
de genie, et dans R., come nous le verons, l'home de
genie égare l'home d'esprit.

Celui-ci a dit du mal des lettres ; et, par l'usage sublime
qu'il en a fait pour inspirer de bones mœurs et la vertu, il
10 est a lui meme le plus grand argument qu'on puisse lui
oposer. L'autre vante sans cesse leur influence sur le
bonheur des états qui les font fleurir; mais, par l'abus
qu'il en a fait lui meme, surtout en rendant meprisable
l'objet le plus digne des homages de la patrie, il est pour
15 Rousseau la plus forte preuve de son sisteme.

Cependant Vol. avoit des vertus... V. a usé noblement
de son credit, de ses richesses, il a deffendu des malheureux, il a marié la petite fille de Corneille. Mais R., ce
qui est peut etre moins difficile, a fait un noble usage
20 de sa pauvreté ; il faisoit du bien secrettement et ne s'est
pas meme refusé aux actions d'eclat. Les 2 louis [donnés]
par Rousseau dans l'indigence pour la statue de Volt. me
paroissent bien plus genereux que la dot donnée par le
riche Vol. a la memoire de Corneille [1].

Ce que Volt. et lui ont eu de comun.

Voltaire a attaqué, il est vrai, ce qui trouble le
bonheur de l'home riche : le fanatisme, la superstition,

---

19 qui est plus difficile, a fait

---

1. F. 131 ; cf. f. 123.

l'esprit de conquêtes, le despotisme ; mais, occupé sans
cesse a detruire sans reparer, il ne s'aperçoit pas qu'il livre
l'home a de plus grands maux : l'incrédulité..., et qu'il livre
l'home a une aristocratie de gens voluptueux, le plus
5 afreux des gouvernemens, qui ne peut subsister que pour
le malheur de la multitude, et plus cruel que le plus
afreux despotisme.

D'ailleurs, son imagination embrassant toutes les occasions de peindre le vice, la vertu, tous les plans, tous les
10 sistemes lui sont bons : il amene (?) sur l'home toutes
les manières de jouir, ne scachant pas qu'il multiplie ses
maux en apellant tous les plaisirs ensemble, tous les arts
de la societé, les plaisirs des 2 mondes.

L'autre examine les fondements de cette creance antique,
15 et, respectant leur profonde antiquité, il... cherche a
rendre l'home a ses 1ers elements : « Come te voila
changé », dit il par cette belle image ou il le compare a la
statue de Glaucus rongée par les flots de la mer, et qui,
le faisant plus ressembler a un monstre marin qu'a un
20 dieu... Il abat les arts, les opinions, les institutions, les
sciences, les traditions, tout ce qui ne porte pas le caractere de la nature ; il se hate d'elever son edifice sur la vertu, il offre au repentir de 2 amans une leçon a (?), un argument invincible au froid athée ; il isole son eleve au
25 milieu des sociétés, lui donne le seul moyen d'y vivre
vertueux et utile ; il fait le Contrat Social, il raffermit le
doute du pretre vertueux et tremblant : partout il s'occupe
du bonheur de l'home.

L'autre embrasse dans son histoire les interêts des
30 peuples, mais l'autre du genre humain [f. 168].

Quand a la religion..., si on entend [par ce mot] les
cultes de chaque pays, on peut dire qu'elle a fait beaucoup
de mal aux differents peuples, ou bourreaux ou victimes

de leurs differents cultes ; mais si, par Religion, on s'en
tient [à] la sublime et courte definition donnee par Jesus
meme, l'amour de Dieu et des hommes, on peut dire qu'elle
est fort rare : dans ce sens, c'est le sceau de toutes les ver-
5 tus. Qui en a eu le plus, du catholique Voltaire ou du
protestant Jean Jacques ?

On scait que Voltaire se plaisoit a percer ses ennemis
des fleches du ridicule, et qu'il a epuisé son carquois [sur]
Jean Jacques. Jean Jaques au contraire disoit bien rarement
10 du mal de ses ennemis et seulement dans le cas d'une juste
defense ; il n'avoit pas de rancune. Lorsque Voltaire quitta
sa campagne de Fernei, un peu avant que Jean Jaques
quitt[ât] Paris pour la campagne celui-ci me dit : « N'irés
vous pas voir Voltaire comme font tous les gens de
15 lettres ? » — « Non, lui dis je, je serois trop embarasé :
coment aborder un homme qui comme Ciceron, a eu des
peuples pour clients et des rois pour flatteurs ? Je ne suis
rien, je ne scai pas tourner un compliment. » — « Oh !
me dit il, vous n'avés point une idée convenable de Vol-
20 taire : un jour, dit il, un avocat du Bugeay l'etant venu
saluer, s'écria en entrant dans son cabinet : « Je viens
saluer la lumiere du monde ! » Voltaire se mit a crier a
son tour : « Madame Denis, apportés les mouchettes ».

R. ne m'a jamais parle de Voltaire qu'avec estime et
25 amour. Il le regardoit comme le dieu du goust et de la
poesie legere : « Personne ne tourne un compliment
come lui. » Je suis faché, malgre les conseils de Jean
Jacques, de n'avoir pas vu Voltaire en personne : j'aurois eu de ce grand homme de quoi prolonger ce paralele
30 entre son antagoniste [et lui] ; enfin la mort a reuni ces deux
grands hommes divises pendant toute la vie [f. 162].

9 au contraire ne disoit jamais du mal — 11 Voltaire voulut venir
mourir à Paris un peu — 12 avant qu'il prit fantaisie à Jean Jacques
d'aller mourir à la campagne, celui-ci

[APPENDICE A LA PRÉFACE]

Ouvrages [1]

Que seroit devenue avec nos sciences la pureté des mœurs antiques qui s'apuyoit chés les anciens sur ce sentiment commun à touttes les nations simples, que des
5 dieux veilloient sur touttes les parties de la nature ? Notre philosophie a coup sur eut detruit leur religion et leur police, en expliquant les eclipses ; la rotation de la terre eut fait decendre Apollon de son char, et son ombre oté a Diane sa lumiere et sa divinite. Les vents qui aportent les
10 emanations de l'ocean auroient brise l'urne des nayades, et l'impie lui meme se seroit cru en surete lorsqu'il auroit vu l'electricité enlever le tonne[rre] des mains de Jupiter [2].

Notre religion, il est vrai, ne craint point les experiences
15 du phisicien. Elle nous represente le maitre de l'univers bien plus eleve que... [3], l'etre supreme vetu du soleil et donnant de la ses lois à la nature entiere, mais elle

---

2 la simplicité — 3 cette idée commune — 8 la chaste Diane eut perdu sa lumiere et sa divinite — en interligne : *l'ombre du globe ote a Diane sa lumière et sa divinite* — 10 l'ocean les pluies aux montagnes, auroient brisé les urnes éternelles des nayades — 15 phisicien, l'œil de l'home, l'examen du sçavant. Elle — 17 de la des ordres à — lois à toute la nature, mais — en interligne : *mais elle n'avoit parlé que du résultat de ses ouvrages, la philosophie a voulu voir d'abord (?) leur ensemble*

---

1. Ce morceau, composé de quatre pages très raturées, est du même format, du même papier, et de la même encre, que les dix premiers folios du ms. XCVIII. Il porte, d'une autre écriture, en tête, ce mot *ouvrage*, et en marge : *à copier*. Il figure au ms. CXXIV, folio 5-6 ; la copie, assez correctement faite, suit, aux folios 7-10, avec un certain nombre d'observations et de ratures, de la plume d'Aimé Martin.

2. *meme*. Tout ce passage est la reprise, au haut de la feuille, d'une première rédaction très raturée.

3. Mots illisibles.

n'avoit parlé que du resultat de ses ouvrages : la philosophie a voulu voir d'abord (?) leur ensemble.

La philosophie nous en a bien plus apris que la religion
ne nous en avoit revele : elle nous a montré que la
5 terre etoit la moindre part de ses ouvrages, que notre
soleil eclairoit plusieurs globes, et que depuis notre
œil, revetu de paupieres mobiles pour voiler son eclat,
jusqu'a l'eloigné Saturne entouré d'un anneau de lunes
pour redoubler sa lumiere, tout etoit l'ouvrage de la
10 meme intelligence et de la meme bonté. Elle a decouvert
que les etoilles etaient autant de soleils lointains chargés
de fonctions peut etre plus etendues que le notre. Elle a
entrevu que ces vastes [espaces] qui blanchissent dans le
firmament sont des espaces infinis ou il a semé ses soleils
15 come les grains de sable sur le rivage de la mer, sans que
nous sachions si ce sont la seulement les avenues de son
palais. Sans doute il y auroit de quoi benir Dieu eternellement d'avoir permis que l'œil humain put entrevoir
seulement un si magnifique spectacle; mais voyés l'usage
20 qu'en a fait notre orgueil : nous n'avons plus aperçu que
du mouvement, de la chaleur, de la pesanteur dans
toute la nature. Nous avons expliqué par leurs loix celle
de la generation et de la vegetation et de la morale même.
Les plantes s'elevent perpendiculairement[1]. C'est le soleil

3 plus découvert que la religion — 4 révélé : le télescope nous a
découvert que la terre — 6 ouvrages, qu'un seul astre éclairait plusieurs
mondes, qu'une seule cause produisoit les effets coordonnés, et que
— 9 pour multiplier sa lumiere — l'ouvrage de la même bonté et de
la même intelligence — 12 le nôtre. Au l. 1 du lait de Junon qui
blanchit la voye lactée, elle a découvert — 20 plus vu que

1. C'est probablement ici que se rattache une note au bas de la page :
« si touttes les plantes affectionnent la ligne perpendiculaire, pourquoi
tant d'herbes s'etendant, et pourquoi tant d'autres en pome come les
choux, come les convolvulus, et les pois se tournant en spirale ?

qui fait vegeter, c'est lui qui peuple. Il ne manquoit plus
que de l'analiser lui meme : — en effet nous venons de
decouvrir que c'est de l'air fixe... et qu'on peut le faire
sortir de notre creuset... — et par le meme orgueil qui
5 produisit l'idolatrie, qui suposa le simbole a la place de
l'objet, afin d'avoir ses dieux a sa disposition, nous avons
substitué les moyens a la cause, afin de n'en plus avoir du
tout.

La simplicite du cœur apelle la divinite ; elle se refuse
10 a notre orgueil : plus nous nous aprochons, plus elle
s'eloigne. Ainsi l'habitant d'une pauvre petite chaumiere
au pied des Alpes, curieux de conoitre la source de son
ruisseau, ose escalader leurs vastes flancs : a mesure
qu'il s'eleve, il decouvre au loin des cites, des forets,
15 de vastes plaines ; ravi de joye, il ne cesse de monter
jusqu'a ce qu'il soit arrêté par des neiges eternelles qui
couvrent leur cime : il n'apercoit plus sous ses pieds
que des nuages et des precipices, et sur sa tête d'effroyables glaciers. Que lui importe d'etre au dessus de la
20 region du tonnere ou il vouloit atteindre, et a la source
des fleuves qui arosent les empires ? Il n'y a rien la pour
lui ; il ne reconoit plus le chemin qui l'a conduit, ni
l'objet qu'il a cherché ; il regrette ses vergers, son

---

7 afin de ne plus avoir de maître. — 13 flancs : à chaque pas qui
l'élève, il découvre — 22 lui. Il est transi de froid. Il ne

Pourquoi le sapin s'eleve t il en piramide, et le cedre se partage en coupes ?
Si la chaleur et l'humidité font tout, pourquoi, dans le nord, les plus
grands des végétaux, les sapins, les plus grands animaux, les baleines ?...
[Pourquoi]... le nord [est-il si] couvert de forets qu'un ecureuil iroit de
branche en branche des confins de la Pologne jusque sur les bords
de la Mer Glaciale ? Pourquoi les animaux si nombreux, des colones de
harangs en sortent toutes les an[nées aus]si larges que l'Angleterre ?
Pourquoi la nature agit elle presque toujours contre les loix de nos
livres ? Pourquoi les Turcs silencieux et les Grecs babillards sous le
même climat ?... Pourquoi des capucins et des gens de l'opera ?. »

humble toit, le petit wallon ou la nature l'avoit cache, et qu'il n'apercoit plus. Tel est l'home du peuple introduit dans la science ; tel est peut etre le philosophe ¹. Horace se moque du dieu qui garde ses jardins, mais il 5 adore encore celui de Rome et d'Auguste.

La religion nous avoit apris qu'un être bienfaisant veilloit sur toutes les parties, que des genies veilloient sur chaque partie et sur chacun de nous ; mais elle avoit jetté un voile sur les elemens et sur l'ensemble de la nature, et 10 au lieu du dieu de la philosophie qui roule d'innombrables spheres, elle nous montre ce qui est bien plus touchant un dieu compagnon de la vie humaine.

Cependant si Vol. [taire] a mal fait en cela par raport au peuple et à la relligion, il a repandu parmi le peuple 15 le gout de la lecture, et des plaisirs delicats ; il a par la diminué le nombre des cabarets, des vices grossiers que produit l'yvrognerie ; c'est lui qui est cause que les caffés, les cabinets de litterature, les academies, les theatres, enfin tous les lieux ou la raison et le gout s'exercent ou 20 s'epure[nt], ont triplé en Europe. On joue ses tragedies jusque dans les villages. L'urbanite est toujours un grand bien. On peut lui objecte[r] il est vrai, que le gout du faste remplace celui de la vie simple, et qu'une pauvre fille aime mieux être la Zaire du theatre et meme 25 celle de la rue St Honoré, qu'une miserable ouvriere.

Mais le désordre des mœurs qui croit chaque jour vient de

1 vergers, sa femme, ses enfants, son troupeau, son pauvre toit — 11 bien plus utile, un dieu — 16 En interligne : *si commun il y a soixante ans que les honêtes gens*

1. En marge de la copie, folio 7 au verso, Aimé Martin écrit : « l'homme et le glacier, variante de celui des Etudes, page 48, t. 2 des Etudes. »

l'indigence du peuple, et son indigence des immenses proprietes des riches, qui peu a peu s'emparent de tout. On ne
peut pas dire qu'il soit la cause de ces grands maux ; ne
pouvant les guerir, il les a charmes (?) : il s'est efforce meme
5 d'en affaiblir l'effet, en tachant dans Nanine, dans Merope,
et ailleurs, d'inspirer aux riches et aux grands de se raprocher, par des alliances, des etats inferieurs, en rendant a
la vertu l'homage qu'elle merite ; mais si on a vu des mesal-
liances, elles ont été en faveur du vice ou tout au plus
10 des talens. Quand au second ordre ou il a tant de partisans, il a fait un peuple de gens de letres, il a regné sur
la litterature, il a changé une partie de l'ortographe,
changé les opinions sur beaucoup de grands homes
anciens et modernes, sur l'histoire, en y etablissant a la
15 verité un pyronisme universel. Quand aux meurs de
cette classe, il semble l'avoir adoucie ; ses reclamations
contre le port d'armes l'ont a peu près aboli, mais il y a
substitué par son exemple les querelles de la plume,
plus odieuses et plus dangereuses que le duel, puisque
20 l'honeur est plus cher que la vie. C'est lui qui a introduit
les gens de lettres dans le monde, et, par la leur a oté
leurs talens et leurs mœurs, si ce n'est que le besoin de
subsister ne les excuse come le peuple. Quand aux gens
du monde on peut dire que quoi qu'il se soit efforcé de
25 leur plaire toute sa vie il n'a influé en rien pas meme
sur l'usage du port d'arme car on ne le conserve que
pour entrer dans les hotels. Quand aux choses qui
dependent d'eux, celles ou il s'est recrié tant de fois, la
sepulture dans les eglises, la barbarie des questions, la
30 venalité des charges ¹ bien loin de là c'est que leurs

18 querelles littéraires, plus odieuses — 20 vie et bien plus aise a
détruire. C'est lui — 26 car on le reprend pour.

---

1. Lacune.

goûts ont corrompu son genie au point que plusieurs
de ses chefs dœuvres ont été gatés. Son siècle l'a formé, au
point qu'on peut l'apeller l'esprit du siecle suivant l'expression de Rousseau. Mais ce qui'a du toucher de douleur
5 secrete sa grande ame c'est que malgré ses reclamations
frequentes et sinceres contre l'esclavage, son traité sur les
guerres (?) et l'amour des conquetes, la Prusse et la Russie dont les souverains etoient en quelque sorte ses disciples, on[t] fait les 2 guerres les plus sanglantes de l'Eu-
10 rope, et ont partagé la Pologne sans y avoir aucun droit.

[folio 6] Si maintenant nous venons a examiner l'effet
que produit Rousseau sur son siecle, si Volt[aire] a oté
la foi a ceux qui doutoient, Rousseau fait au moins dou-
ter ceux qui ne croyaient plus. Car pour l'objet principal
15 de notre religion il en fait de si superbes portraits que
les predicateurs les prononce[nt] ¹ tout entiers dans leurs

---

1 leurs mœurs ont influé sur ses talents au point — 4 a su pénétrer
secrètement sa grande ame — 12 sur ses trois classes, si Voltaire — 16
que on les prononce tout.

---

1. C'est probablement à ce passage que se rapporte une note pla-
cée au bas de la page, sans référence : « Les mœurs, le luxe et la
richesse de nos ecclesiastiques auroient besoin de nouveaux Sᵗ Bernard. On se mefie d'une religion pauvre qui a donné presque toute
l'Italie, une partie de l'Espagne et ses habitants corps et ame et un
grand tiers des revenus de la France non a la religion mais a ses
ministres ; mais pourquoi citer Sᵗ Bernard ? le plus terrible des livres
c'est l'Evangile. Quand a la religion je demanderai d'abord : y a t il un
seul peuple sans religion ? c'est un santiment naturel a l'home. Aucune
societé ne peut subsister sans elle. Maintenant (?) independamment des
preuves de sentiment que Rousseau fait si bien valoir, et qui est une
evidence, car l'evidence est une preuve de sentiment. Le deluge et la
dispersion des juifs. D'abord c'est un lien d'etat, comme d'obeir a un gouvernement monarchique et republicain. Mais en comparant par une autre
loi — que Dieu a fait pour les homes ce qui leur etoit utile de la maniere
la plus convenable et la meilleure — comparés la a toutes les autres,
est [ce] celle de l'Indoustan ou les femes se brulent ou les homes se font
écraser ? Est [ce] celle de Mahomet, par la violence? Celle des payens
absurde, celle du deisme san culte, celle des juifs une boucherie; la notre,
par sa necessite : celle de souffrir ; un dieu, par le culte : l'offre du pain
et du vin, l'homage des deux plus beaux présents faits par le ciel. » Ce
passage est confus; ce sont des notes, plutôt qu'une rédaction.

sermons. Si vous en ôtés les opinions de protestans, il n'y a ajouté, comme philosophe...[1] Quand a la divinité il a cherché ses loix ou il était si convenable de les montrer aux homes, dans sa bonté, dans les raports naturels et
5 nombreux (?) etablis entre les sexes, dans ceux qui lient les meres aux enfans, dans, dans les plaisirs champetres, dans les jouissances domestiques, dans la vertu; et encore que dans ces endroits il parle peu de la providence divine, il la fait sentir a chaque instant.
10 Et si vous y joignés (?) le sentiment d'humanité, il en résulte un charme inexprimable, un caractere de vertu qui ne s'effacera jamais, et c'est un des charmes secrets de ses ouvrages. Imitant la nature qui nous tempere les rayons du soleil en les faisant passer a travers la verdure des
15 feuillages, [et qui] offre a nos yeux un jour bien plus aimable que l'eclat vif et brulant de l'astre du jour. Cependant quoi qu'il ait dirigé toutes ses vues pour le peuple en faisant valoir des biens a la portée de tout le monde, qu'il raproche de cette condition son Emile en lui fai-
20 sant aprendre un metier, le peuple misérable ne voit que le bonheur des riches ; il ne voit dans les campagnes que les enfers.[2]

Si Volt[aire] a fait tant debiter ses maximes, l'autre a fait pratiquer les siennes. J'ai connu des libertins qui se
25 sont mariés, des jeunes gens qui s'abstenoient de viande,

3 si convenable et si touchant de les montrer — 6 liant les devoirs des mères et des enfants dans l'amour maternel, dans les plaisirs — 9 il fait bien mieux, il la — 9 à chaque pas. Et si — 15 feuillages, les teintures des fleurs sur les fruits suspendus et colorés et qui offre — 16 du jour qui nous éblouit. Cependant — 21 miserable l'a peu connu et peu lu; il ne voit

---

1. Lacune.
2. *dans la nature que des travaux.* Une ligne inintelligible vient après.

couchoient sur le dure ; des femes ont avoué publiquement qu'elles lui devoient ce qu'eles etoient. Plusieurs se
sont efforcés d'être des Heloises, et elles sont bon juges
d'un ecrivain naturel, par la raison qu'elles sont toujours
5 femes, qu'elles tiennent biens moins aux prejugés d'etat.
On peut dire meme qu'elles l'ont protegé sourdement
contre la fureur des partis et des corps qu'il a si courageu-
ment bravés. Cependant persone n'en a dit plus de mal :
il les traite de grands enfans, il detruit leur talens litte-
10 raires, leurs sottes parures, la frivolité de leur esprit, la
duplicité de leur cœur, leur inconstance, leur desir de
plaire a tous, leur intrigue ; on sent qu'il est fache de ne
pouvoir les aimer toutes entières ; on sent qu'il n'abandone qu'avec regret ce sentiment ecrit dans tous les cœurs,
15 que le plus parfait bonheur de l'home est dans le cœur
d'une feme vertueuse. Plus il reagit, plus elles sente[nt]
leur pouvoir.

Volt[aire] les fait rire, et s'il paroit en fureur, elle[s]
aime[nt] mieux les invectives de Rousseau que les compli-
20 ments de Voltaire. Il ne peint pas (de) l'amour en bel-
esprit, ni en philosophe, ni en libertin, mais en amant
qui veut rompre leurs chaines et qui les cherit. Il est
come ce sauvage qui, pour la 1re fois, ayant vu le
feu, rejoui de sa douce chaleur et de sa lumiere s'aprocha
25 pour le baiser ; mais en ayant été vivement brulé, le mau-
dissoient, le prioient, l'adoroient, ne scachant si c'etoit une
bete feroce ou un dieu. Mais, ce qui est etonant, c'est
que, du sein de la solitude, oposé aux puissans et aux
riches, il a influé d'une maniere sensible sur la reforme
30 de leurs mœurs ; il leur a inspiré, aux homes, des habil-

---

8 En interligne : *les femmes sont parmi nous le lien qui unit les deux
extrêmes* — 13 on sent qu'il auroit voulu pouvoir les aimer — 20 il
ne parle pas

lemens plus simples, le gout des exercices du corps,
l'amour de la campagne porté dans la ville meme, car
c'est une remarque que le petit peuple a Paris vivoit
autrefois dans les faux bourgs, et que depuis 30 ans les
5 riches veulent s'y etablir. Plusieurs meme ont fait des
Elisées dans leur jardin, tant bien que mal. Il a inspiré aux
femes de nourir leurs enfans ; on a banni des educations
honetes les mauvais traitemens qui avilissent, et aigrissent les ames. Enfin ces maximes ont gagné jusqu'au
10 trone : des reines ont allaité leurs enfans, et l'Imperatr.
de Russie Cath. 2 a bani des ecoles publiques les chatiments corporels. Ainsi l'home rendu moins miserable
deviendra moins mechant.

Si donc nous les comparons en ce point, nous verons
15 une chose extraordinaire : que leur influence sur le siecle
est en raison inverse de leur intention, de leurs talens,
de leur reputation. Car Voltaire a influé beaucoup sur la
derniere classe dont il se soucioit peu, superficiellement
sur la seconde, et point du tout sur la 1re qu'il
20 aimoit tant ; Rousseau, au contraire, point du tout sur
le peuple, profondement sur la seconde, et beaucoup sur
les grands.

Rousseau l'emporte donc en utilité[1] : si le 1er a
repandu les lumieres sur le peuple, le 2e a doné
25 des sentimens d'humanité aux riches, ce qui est plus difficile, et ce qui vaut mieux ; si [le premier] voit ses
maximes, ses opinions, repetees par une foule de lettrés (?)

9 avilissent, les chatiments corporels qui aigrissent — 16 intention,
de leur dessein, des mœurs et de leur reputation — 22 beaucoup sur
la 1re. Rousseau

----

1. La lecture de ce passage est assez conjecturale, car la soudure des
corrections est difficile.

le 2e a fait pratiquer les sienes, ce qui est bien
plus fort, et celui-ci paroit avoir reussi en influant sur
les grands, car la felicité des peuples depend de ceux
qui les regissent. Si on s'etonne d'effets si contraires c'est
5 [que] come nous l'avons dit la philosophie du 1er
n'etant que celle des gens heureux, tot ou tard on est force
de l'abandoner, et que celle de l'autre, celle des infor-
tunes, devient a la fin celle de tous les homes.

Après avoir joué un si grand role dans le monde, tous
10 deux, o vanité des homes ! ont ete persecutés ; tous deux
ont été obligés de vivre hors de leur pays, et ont cherché
des retraites dans la patrie l'un de l'autre. Volt., né a
Paris, s'est retire près de Geneve, a la campagne qu'il
aimoit peu, mais ou il vivoit en prince. R., né a
15 Geneve, a été forcé de venir a Paris pour y trouver de
quoi subsister[1].

Par une fatalité incroyable, lorsque le 1er rendu aux
aplaudissements de la capitale, l'autre a la solitude champetre, paroissoient au comble de leurs vœux, la mort les
20 a frape a la fois a un mois d'intervale.

Cependant on dirait mieux que Rousseau commence
d'etre heureux lorsque Volt. cesse de l'etre. Celui-ci etoit
au comble de la fortune, l'autre a la fin de la sienne, dans
l'impuissance de travailler, a l'entrée de la vieillesse, obligé
25 d'accepter un azile a 70 ans [2].

L'Academie Françoise, que Volt. a honorée par ses
vastes talens, va presenter aux homages merittés des gens
de lettre et de gout, aux nations, aux souverains etrangers
du nord son buste tout couvert de lauriers : je présente

15 pour trouver a subsister d'abandoner Geneve qu'il aimoit tant pour
vivre a Paris

---

1. Quelques notes pour ce morceau figurent au dossier XCVIII, f. 120.
2. Ce paragraphe a été ajouté après coup, au bas de la page, avec un
signe de renvoi au texte.

a tous les homes la statue de Rousseau battue aux vents de l'adversité, nue, rude, mutilée, n'ayant rien de l'elegance moderne ; mais, a la grandeur de ses proportions, on verra que c'est une antique [1].

1 présente aux homes de tous les temps la statue

1. Ms. CXXIV, f. 5-6. — Cf. au dossier XCVIII, f. 166, une note se rapportant à la même idée : « a la fin. — Je le representerai avec ses défauts, inegalités, humeurs, exposé aux injures de la fortune, de l'age, des partis, de tous les vents, les pluies. [Cette statue] n'a point le poli ni l'elegance de nos modernes, mais c'est une antique. »

I

PREMIER CHAPITRE

J.-J. ROUSSEAU

> Quaeque potest narrat; restabant ulti-
> ma, flevit.
> Il raconta ce qu'il put raconter; il
> pleura le reste [1].

Il y a environ huit ans que j'étois au Cap de bonne
Esperance, au mois de janvier qui, dans ce climat,
répond, par sa temperature et par sa latitude australe, à
notre mois d'Aoust. Les pechers et les abricotiers étoient
couverts de fruits murs; le raisin étoit sur le point d'étre
vendangé. Charmé de retrouver les productions de l'Europe aux extrémites de l'Afrique, et jouissant d'avance du
plaisir de les revoir [2] 7 mois apres dans ma patrie [f. 101].
J'ecrivois a un ami de Paris que j'aurois le plaisir de
jouir de deux etes dans la meme annee; cet ami communiquoit a mon inscu mes lettres a J.-J. R. : elles me

12 Charmé de revoir, retrouver ces productions

1. Ce court fragment est le début du livre de Bernardin sur Rousseau,
écrit de la belle écriture régulière que l'auteur adopte pour la mise au
net de ses manuscrits. La traduction de son épigraphe ne lui plait pas ;
au folio 126 on trouve une correction : « il en restoit encore, il pleura. »
2. retrouver. Ces deux corrections sont amenées l'une par l'autre. Bernardin évite scrupuleusement les répétitions de mots.

valurent sa connaissance. Il me dit a notre 1ʳᵉ entrevue qu'il estimeroit toujours un homme qui en revenant sans fortune des Indes regardoit comme un bonheur de jouir de deux etés dans la même année.

5 Pour moi des que je l'eus connu je l'aimai avec passion. L'hyver j'allois assés souvent chés lui passer le plus de tems [possible] a causer pres de son feu ; pendant la belle saison nous allions au moins une fois la semaine, souvent 2 fois, passer les après midi lui a herboriser

10 et moi a l'entendre parler de botanique et de toutes sortes de sujets.

Souvent nous partions le matin a 7 heures : nous dinions a 2 heures dans le 1ᵉʳ village, et nous ne revenions que le soir a la nuit.

15 Nous nous sommes brouillés plusieurs fois, et ma destinée, je pense, me ramenant toujours a sa rencontre, nous nous raccomodions sur le champ, car il avoit quelquefois de l'humeur mais jamais de rancune, comme je le dirai en parlant de son caractere.

20 Nous etions en 1778, dans le fort de nos promenades, dans la plus belle saison de l'année, vers la fin de may, et, [comme] a l'ordinaire, nous [nous] etions doné rendés vous pour un voyage sur les hauteurs de Sevres, lorsqu'il cessa tout a coup de se trouver au rendés vous accou-

25 tumé ; je lui recrivis : il ne me repondit pas. Je passai chés lui, au carefour de la rue Platriere... J'apris que ma lettre ne lui etoit pas parvenue ; que depuis 15 jours il avoit deménage ; qu'il s'etoit retiré a la campagne, dans un lieu inconu, d'ou il avoit envoyé une seule fois un com-

30 missionaire prendre les lettres qui lui etoient adressés.

---

5 passer toutes les semaines une heure ou deux, quelques heures à causer

Mon premier sentiment fut de me repentir amerement de l'avoir aimé.

A quelque jour de la des grandes rumeurs courent sur ses memoires qui paroissent : (?) les uns disoient qu'il 5 s'etoit enfui en Hollande ; on citoit des traits calomnieux de ses memoires ; j'etois inquiet : je sentis qu'il etoit a plaindre. Enfin vers le commencement, [je me disais :] « Ou est-il ? comment! quel remede pour le chagrin, de s'arra-cher a toute consolation et a tout consolateur ! » Au milieu 10 de mes inquietudes ouvrant le Journal de Paris j'aprends sa mort a Hermenonville le 2 de juillet. Je sentis comme lui que la solitude seule peut calmer les grands chagrins ; mais ce qu'il n'a pas eprouvé, meme en mourant, ce que je n'avois jamais eprouvé, c'est que la vue de la nature, 15 propre a dissiper les plus vifs soucis en conduisant de ses ouvrages a son auteur, ne faisoit qu[e] les acroitre : je voyais dans la campagne les lieus ou nous nous etions assis, les plantes qu'il m'avoit apris a conoitre, les [endroits] ou nous nous etions promenés ; je fus 3 semaines 20 sans voir ni la societe ni la nature [f. 161].

Il me sembloit le voir, le long des chemins peu battus, au pied des arbres, sur les pelouses.

Le pré st Gervais, le bois de Boulogne, le mont Vale-rien, les bords de la Seine me repetoient ses pensées, et 25 jusqu'au son de sa voix. Quand j'aurois eté plus loin, les plantes même dont la terre est couverte, et qu'il m'apre-noit a conoitre, m'auroient dit a chaque pas : « Vous ne le reverrès plus. »

Ne sachant ou aller, fuyant les homes qui m'en 30 disoient du mal, et la nature qui m'en disoit trop de bien, je m'ocupai à charmer ma douleur en jettant sur le papier

6 inquiet : après l'avoir blamé, je sentis

tout ce que je pouvois me rapeller [1] des anecdotes de sa vie, de ses gout, mœurs, opinions, sentiments, reflexions, apres quoi je disposai tant bien que mal ces materiaux de la maniere la plus propre a faire revivre pour moi sa per-
5 sone, son caractere, sa philosophie, son esprit et son cœur ; c'est ainsi que j'ai receuilli les debris de ce naufrage afin d'en fortifier ma vie.

Un jour viendra que ses ruines seront regardées avec respect de la posterité comme nous considerons les
10 bronses uses des Catons et des Socrates, que nous venerons lorsqu'ils ont été frapés de leur tems.

Quand a ce qu'en pensera la generation actuelle, c'est de quoi je me soucie peu. Pour faire quelques pas vers la vertu, dans ce siecle d'intrigues, de venalite, de haines,
15 le 1er pas qu'on doit faire vers la vertu est de mepriser egalement ses eloges et ses calomnies. J'aime ma religion et ma patrie et les homes : pour conserver cet amour, il faut s'isoler et fuir tous les partis.

On ne peut s'imaginer a quel point l'esprit de parti
20 peut aveugler les plus honetes gens. Je n'en citerai qu'un trait : un homme d'eglise et de cour, qui a des talens, me dit un jour, fort serieusement, qu'il s'occupoit du projet de combattre la faussete des vertus des grands homes du paganisme en représailles de ce que les philosophes
25 attaquoient celles des grands homes de l'Église : « Vous aurés, lui dis-je, rendu un beau service au genre humain : il va se trouver entre la religion et la philosophie come cette home venerable par ses cheveux gris qui vouloit

2. réflexions, pele mele, telles que ma mémoire encore fraîche m'en rapelloit le souvenir dans nos courses solitaires, après quoi

---

1. Par distraction, dans le ms : *repaller*.

plaire a deux maitresses; chacune d'elles lui otoit ce qui lui deplaisoit : la plus agee lui arrachoit les cheveux noirs, la jeune lui otoit les blancs; elles le tondirent tout a fait. »

5   Pour apuyer cet etrange et incroyable paradoxe, il faut detruire les deux sentiments sur lesquels se meut toute societé humaine : il faut prouver qu'avant J. C. il ne s'est trouvé persone cui ait cru en Dieu et qui ait eu pitié des homes.

10   Mais comme l'utilité des homes n'entre plus pour rien dans notre litterature, devenue partialle, venale comme le reste, et que les autorites des homes considerables font tout, je pourai, ce me semble, citer des peres de l'Église, entre autre St Jerome, qui faisoit cas des phi-
15 losophes et des grands homes de l'antiquité ; Erasme qui se disoit tenté de s'ecrier « St Socrate pries pour nous ! » ; Bossuet qui fait des vedas (?) de l'Égypte un si beau tableau ; Fenelon qui cherche un emule a son prince chretien dans un heros de la Grece ; je pourois citer le temoi-
20 gnage unanime et les sentimens des peuples ; mais, come je n'ai pas de bibliotheque, je n'en raporterai qu'un trait que je tire des actes des martirs de dom Thieri Rui-nart (?), un livre que j'ai par hazard dans les mains : c'est le temoignage direct, non seulement d'un scavant
25 chretien, mais d'un saint, et qui plus est d'un mar-tir[1]...

D'un autre coté les philosophes de nos jours ne sont pas moins extremes : ils parlent [de] St Louis come d'un espece d'imbecille qui quitte son royaume pour aller
30 conquerir la Terre Sainte ; mais n'admirent ils [pas] Alexandre qui quitte la Macedoine pour aller conquerir le

---

1. L'anecdote qu'il annonce, manque dans le ms.

royaume de Darius ? les Perses avoient-ils fait plus de mal a l'Europe que les Sarasins qui en ravageoient les cotes et ont fini par s'emparer de la plus belle partie ? St Louis avoit donc raison du cote de la politique... toute
5 la Grece ancienne aplaudit au courage des braves Grecs qui furent renverser l'empire de Priam pour venger l'hospitalité violee dans la feme de Menelas, et l'Europe chretienne blame des rois qui veulent delivrer de l'esclavage le chef lieu de leur religion, come si cet objet
10 n'etoit pas aussi louable dans des rois chretiens que des paris de ravir les femes ; mais il y a a parier que s'il avoit ete heureux on en diroit pas tant de mal. Enfin Boileau[1] nous represente la religion come un espece de stupidité dont les sujets sont incapables de plaire, ainsi
15 que ses heros[2] tandis que le Tasse d'une part et Milton de l'autre en ont tiré, l'un le plus sublime l'autre le plus charmant des poemes epiques. Il faut avouer qu'il est fort aisé de faire croire au public tout ce qu'on veut... Qu'on haisse bien, pourvu qu'on tienne a un parti...
20 Mais je n'en dirai pas plus sur les philosophes qui ont assés d'ennemis, et qui, n'etant pas les plus riches, ne seront pas certainement les plus forts.

J'espere plaire aux ames sensibles et vraies qui aiment la verite et qui la cherchent, qui reverent la vertu [et
25 qui se] portent ou elle se fait conoitre, et c'est à elles que je l'adresse[3].

On trouvera ailleurs des maximes plus sententieuses : nos theâtres, nos livres de morale, nos romans en sont pleins ; tout cela n'est que de parade, mais c'est ici une philosophie
30 qui a servi. La 1ere fois que j'entrai au garde meuble de la

1. Trois mots illisibles.
2. Deux mots illisibles.
3. Ceci est un fragment : dans le développement précédent, Bernardin devait désigner son apologie de Rousseau.

couronne, la cuirasse d'Henri 4, de simple fer, bossuée
par endroit, m'inspira beaucoup plus d'attention que
celle de Louis 14, encore que l'autre fut d'acier, brunie,
argentée. Mais quand je vins a me rapeller qu'il avait
5 eu ces brassarts et ces gantelets dont il deffendoit son
peuple, qu'il les elevoit dans les combats vers le ciel en
disant « Seigneur ! o Dieu ! epargne le troupeau, et frape
le berger ! », je me sentis penetré d'une veneration
mille fois plus religieuse que de la chapelle du cardinal
10 de Richelieu qui est dans le meme garde meuble [f. 101].
Je ne suis point etonné qu'a Paris cette chapelle si riche
soit dans le lieu principal du garde meuble, dans une
bonne armoire bien grillée, et que les armes d'Henry 4
soient a la porte. Mais que dans une ville ou on a du
15 gout on l'ait representé avec une barbe de poil gris et un
masque ridicule de cire comme une marionette, voila ce
qui me surprend. Quand la nature est belle, l'art la defi-
gure. A coup sur il en est de meme de ce qui a servi a la
vertu. Les Grecs et les Romains les eussent mis seules et
20 en trophée dans un temple ; a ce que je crois nos bons
ayeux meme en eussent fait autant. Cesar eut la gloire de
voir en Auvergne une de ses epées appendue a la voute
d'un temple, [epée] qu'il avoit perdue dans une bataille.
Ses courtisans vouloient qu'il la reprene [1] : il n'en fit rien ;
25 il se conoissoit trop bien en gloire.....

Ce sont donc des armes d'un vrai philosophe et respectables parce qu'elles ont servi non seulement a deffendre
les autres mais... lui.

Une autre raison, est [que] quoi que nous ayons de
30 grands homes, des Fenelon, des Turenne, tout le monde

---

1. Dans le ms. *reprennent*.

ne peut etre eveque ou general ; la vie de Rousseau est a
la portée comune : tout le monde peut y atteindre, quoi
qu'il ait étè tres sublime a lui d'y descendre et de s'y
tenir. Une 3ᵉ raison plus importante encore c'est qu'il est
5 très essentiel de connoitre les mœurs d'un ecrivain,
malgre l'axiome qu'on a taché d'acrediter, que le public
n'avoit rien a voir aux mœurs d'un auteur. L'art de tromper dans tous les genres, en litterature surtout, est devenu
si universel qu'on ne peut desormais ajouter foi a la science
10 que par la confiance qu'on porte au scavant.

Il faut donc conaître Rousseau pour juger sa philosophie...

Je scais qu'il a ecrit les memoires de sa vie, mais je ne
les ai point vus... Il les avoit ecrit d'ailleurs avant que je
15 le conusse ; et ces fragments, le style a part, peuvent
en etre consideres comme une espece [de] suplement¹.
J'en voulois tirer de quoi faire un eloge, et cette idée plaisoit beaucoup a mon amitié : mais je vis que je gaterois ce
que j'avois rassemblé ; que j'en oterois la fraicheur ; que
20 les faits qui sont la charpente de toute narration, et qui
font tout le merite de celle ci, ne s'y introduisoient que
difficilement ; d'ailleurs je n'ai pu m'occuper d'un homme
si rare aux yeux de la postérité sans desirer d'y passer moi-
meme. ² Il me semble que la postérite sera aussi en garde
25 contre les eloges que contre les satires [f. 153].

1. « Je scais qu'il a ecrit les memoires de sa vie, qu'il ne m'a jamais
comuniqués, soit qu'il ne voulut pas medire, ou qu'etant une apologie
il ne voulut pas rappeler ses maux passés ; il me disoit : « Ne parlons pas
des homes, parlons de la nature. » On dit qu'il y a mis ses propres et
grandes fautes. Je ne veux pas jouter avec lui, mais en cela meme mon
recueil [reste] interessant, puisqu'il les avoit ecrit avant que [je] l'eus
connu, et que ceci est le reste de sa vie. » XCVIII, f. 130.
2. Ces six derniers mots sont biffés, mais d'une autre encre que celle
du ms.

Sur Mr J. J. R.

Corneille Bruyn (?) parle d'un repas ou, se trouvant
avec M. Newton, il porta la santé de tous ceux qui croyent
en Dieu. C'est a ceux la a qui je veux parler de Mr R. Je
5 les prie avant tout de considerer qu'il y a peu d'homes dont
on ait dit plus de bien et de mal : qu'ils considerent aussi
que l'etat d'homes de lettres dans la pauvreté et d'homes
de bien est un etat penible [f. 147].

II

ANECDOTES DE SA VIE

[folio 1] De ses qualités phisiques [1].

Au mois de juin de 1772, un ami m'ayant proposé de
me mener chés J.J. Rousseau, il me conduisit dans une
5 maison ruë Platrière à peu près vis à vis l'hotel de la poste.
Nous montames au quatrième etage. Nous frapames, et
M^de^ Rousseau vint nous ouvrir la porte. Elle nous dit :
« Entres, Messieurs, vous allés trouver mon mari. »
Nous traversames un fort petit antichambre ou des usten-
10 silles de menage etoient proprement arrangés ; de là
nous entrames dans une chambre ou JJ. Rousseau etoit
assis, en redingotte et en bonnet blanc, occupé à copier
de la musique. Il se leva d'un air riant, nous presenta des
chaises, et se remit à son travail en se livrant touttes
15 fois à la conversation.

Il etoit d'un temperament [2] maigre et d'une taille
moyenne. Une de ses epaules paraissoit un peu plus ele-
vée que l'autre, soit que ce fut l'effet d'un defaut naturel, ou de l'attitude qu'il prenoit dans son travail, ou
20 de l'age qui l'avoit vouté, car il avoit alors 64 ans ;

10 ustensiles de cuisine et de ménage — 19 prenoit en travaillant ou
de l'âge

---

1. Aimé Martin biffe, au haut de la page une ligne : « *Il partit pour la campagne le 28 mars 1778* » ainsi que le titre qui suit : à la place Martin écrit : Essai sur J.J. Rousseau.
2. Ces trois mots sont biffés au crayon.

d'ailleurs il etoit fort bien proportioné. Il avoit le teint
brun, quelques couleurs aux pommette des joues, la
bouche belle, le nès très bien fait, le front rond et elevé, les yeux pleins de feu. Les trais obliques qui
5 tombent des narines vers les extrémités de la bouche, et
qui caracterisent la phisionomie, exprimoient dans la
sienne une grande sensibilité et quelque chose même de
douloureux. On remarquoit dans son visage trois ou
quatre caracteres de la melancolie par l'enfoncement des
10 yeux et par l'affaissement des sourcils ; de la tristesse profondes par les rides du front ; une gayeté très vive et
meme un peu caustique par mille petits plis aux angles
extérieurs des yeux, dont les orbites disparoissoient quand
il rioit [1]. Touttes ces passions se peignaient successivement
15 sur son visage suivant que les sujets de la conversation
affectoient son ame ; mais dans une situation calme sa
figure conservoit une empreinte de touttes ces affections,
et offroit à la fois, je ne scais quoi, d'aimable, de fin, de
touchant, de digne de pitié et de respect [2].

18 a la fois, par un mélange très intéressant, ne sçais quoi

----

1. On trouve dans un autre dossier un passage analogue, qui semble
composé de notes prises en vue de la rédaction que nous publions : « de
taille moyenne..., la tete inclinée en avant, une épaule un peu haute ;
deux corps (sic) au pied et les etoiles sur son soulier ; toujours mis fort
proprement, jamais de couleur eclatatante ni de noir, mais le gris ou
more dauré, perruque ronde poudrée.
Sa tete semblable a celle de M. Tronchin, l'air occupé, triste, et charmant quand il se deridoit ; les yeux pleins de feu.
On distinguoit a la fois gravité, tristesse, sensibilité et finesse au long
du nés et des lèvres, qui est le lieu de la sensibilité exquise, car c'est la
ce qui fait revenir les sens, et ou on jette de l'eau au visage.
Il etoit d'un temperament très fort pour son age. souvent apres dîner
de la rue Platrière ou il demeuroit [il donnait] rendés vous aux Champs
Elisées, et de la faisoit la traverse du bois de Boulogne [à] revenir par
la Muette. » [f. 147.]
2. « On voit chés Mr Necker un portrait de J.J. Rousseau fort ressem-
blant. Mais de touttes les gravures qu'on a donnés de lui au public je
n'en ai vu qu'une seule ou l'on reconnut quelques uns de ses traits ;

Près de lui etoit une epinette sur laquelle il essaioit de tems en temps des airs. Deux petits lits de cotonine rayée de bleu et de blanc comme la tenture de sa chambre, une commode, une table et quelques chaises faisoient tout
5 son mobilier. Aux murs etoient attachés un plan de la forest et du parc de Montmorency ou il avoit demeuré, et une estampe du Roy d'Angleterre son ancien bienfaiteur. Sa femme etoit assise, occupée a coudre du linge[1] ; un serin chantoit dans sa cage surpendue au
10 plafond ; des moineaux venoient manger du pain sur ses fenêtres ouvertes du côté de la rue, et sur celle de l'antichambre on voyoit des caisses et des pots remplis de plantes telles qu'il plait a la nature de les semer. Il y avoit dans l'ensemble de son petit menage un air de propreté,
15 de paix et de simplicité, qui faisoit plaisir.

Il me parla de mes voyages ; ensuitte la conversation roula sur les nouvelles du temps ; après quoi il nous lut une lettre manuscritte en reponse à M. le Mquis de

10 suspendue au plancher ; des moineaux — 16 parla d'abord de mes
— 18 manuscritte qu'il avoit faite en réponse

---

c'est une grande estampe de 10 a 12 pouces, gravée, je crois, en Angleterre. Il y est représenté en bonnet et en habit d'Armenien. On en pourroit faire une exellente d'apres le buste de Mr Houdon qu'on voit à la bibliotheque du Roi. Cet habile sculpteur l'a modelé, dit-on, après sa mort. Il s'etoit refusé pendant sa vie aux instances de tous les artistes. » (Note de B. de St-Pierre). — Sur cet habillement d'Arménien, on trouve dans un autre dossier la note suivante, prise à la suite d'une conversation avec Jean Jacques :
« Pourquoi vous a-t-on représenté en armenien ? — J'ai été incomodé, me dit-il, longtems d'une descente et retention d'urine. Je me servois de sondes, de bandages, je vivois a la campagne, ou j'etois toujours dans les bois sans voir personne ; je pris une robe fourée, et [trouvant] que le bonnet etoit encore plus comode et plus convenable avec cet habit qu'une perruque, je m'en servis. Mais comme cet ajustement faisoit courir les enfans apres moi, j'ai ete force d'y renoncer. » f. 134.
1. Cette phrase est écrite en interligne.

Mirabeau qui l'avoit interpellé dans une discussion politique. Il le suplioit de ne pas le rengager dans les tracasseries de la litterature. Je lui parlai de ses ouvrages et je lui dis que ce que j'en aimois le plus c'étoit le Devin du Village et le 3ᵉ volume d'Emile. Il me parut charmé de mon sentiment. *C'est aussi*, me dit il, *ce que j'aime le mieux avoir fait. Mes ennemis ont beau dire, ils ne feront jamais un Devin du Village.* Il nous montra une collection de graine de touttes especes [1]. Il les avoit arrangées dans une multitude de petites boettes. Je ne pus m'empecher de lui dire que je n'avois vu personne qui eut ramassé une si grande quantité de graines et qui eut si peu de terres. Cette idée le fit rire. Il nous reconduisit, lorsque nous primes congé de lui, jusque sur le bord de son escalier.

A quelques jours de la il vint me rendre ma visitte. Il etoit en perruque ronde, bien poudrée et bien frisée, portant son chapeau sous le bras, et en habit complet de nanquin. Le cuir de ses souliers etoit decoupé de deux etoilles a cause des cors qui l'incommodoient [2], il tenoit une petite canne a la main. Tout son exterieur etoit modeste, mais fort propre, comme on le dit de celui de Socrates. Je lui offris une piece de coco marin avec son fruit pour augmenter sa collection de graine, et il me fit le plaisir de l'accepter. En sortant de chés moi, nous passames dans un endroit où je lui fis voir une belle

---

2 de ne pas le rembarquer dans — 4 et je pris la liberté de lui dire que — 4 le mieux c'etoit — 5 et le cinquième livre d'Émile — 10 dans une infinite de petites — 18 portant le chapeau

---

1. Mots rayés illisibles.
2. Cette phrase est rayée, mais d'une autre encre que celle de Bernardin, et probablement par Aimé Martin.

immortelle du Cap, dont les fleurs ressembloient a des fraises et les feuilles a des morceaux de drap gris. Il la trouva charmante [f. 2] mais je l'avois donnée, et elle n'etoit plus en ma disposition. Comme je le reconduisois
5 à travers les Thuilleries, il sentit l'odeur du caffé. *Voici, me dit il, un parfum que j'aime beaucoup. Quand on en brule dans mon escalier, j'ai des voisins qui ferment leur porte, et moi j'ouvre la mienne.* — Vous prenés donc du caffé, lui dis je, puisque vous en aimés l'odeur. — *Oui,*
10 me repondit-il, *c'est tout ce que j'aime des choses de luxe: les glaces et le caffé.* J'avois aporté une balle de caffé de l'isle de Bourbon, et j'en avois fait quelques paquets que je distribuois à mes amis. Je lui en envoyai un, le lendemain, avec un billet ou je lui mandois que scachant son
15 goust pour les graines etrangeres je le priois d'accepter celles la. Il me repondit par un billet fort poli où il me remercioit de mon attention.

Mais, le jour suivant, j'en recus un autre d'un ton bien different. Il me mandoit:

20 *Hier Monsieur, j'avois du monde chès moi qui m'a empeché d'examiner ce que contenoit le paquet que nous m'avés envoyé. A peine nous nous connoissons, et vous debutés par des cadeaux. C'est rendre notre societé trop inegale ; ma fortune ne me permet point d'en faire ; choisisses de reprendre votre caffé ou de*
25 *ne nous plus voir.*

Agrées mes tres humbles salutations.

J.J. Rousseau.

Je lui repondis qu'ayant eté dans le pays ou croissoit

<hr>

3 mais comme je l'avois — 6 dit il, une odeur que — 8 vous aimes donc — 10 c'est presque tout — 24 reprendre ce que vous m'avés envoyé ou de

ce caffé, la qualité et la quantité de ce présent le rendoit
de peu d'importance ; qu'au reste je lui laissois le choix de
l'alternative qu'il m'avoit donnée. Cette petite altercation
se termina aux conditions que j'accepterois de sa part
5 une racine de ginzeng et un ouvrage sur l'ichtiologie
qu'on lui avoit envoyé de Montpellier. Il m'invitta a diner
pour le lendemain. Je me rendis chés lui a onze heures
du matin. Nous conversames jusqu'a midi et demie [1].
Alors son epouse mit la nape, il prit une bouteille de vin,
10 et, en la posant sur la table, il me demanda *si nous en
aurions assés et si j'aimois à boire.* — Combien sommes-
nous ? lui dis-je ? — *Trois*, dit-il, vous, ma femme, et
moi. — Quand je bois du vin, lui repondis je, et que je
suis seul, j'en bois bien une demie bouteille, et
15 j'en bois un peu plus quand je suis avec mes amis. *Cela
etant*, reprit il, *nous n'en aurons pas assés ; il faut
que je descende à la cave.* Il en raporta une seconde
bouteille. Sa femme servit 2 plats, l'un de petits patés,
l'autre étoit couvert. Il me dit, en me montrant le pre-
20 mier : *voici votre plat, et l'autre est le mien.* — Je mange
peu de patisserie, lui dis je, mais j'espere bien gouter du
votre. — *Oh ! me dit il, ils sont communs tous deux. Mais
bien des gens ne se soucient pas de celui là ; c'est un mets
suisse, un pot pourri de lard de mouton, de legumes et de cha-
25 taignes.* Il se trouva excellent. Ces deux plats furent rele-
vés par des tranches de bœuf en salade, ensuitte par des
biscuits et du fromage. Après quoi son épouse [2] servit le
caffé. *Je ne vous offre point de liqueur, me dit-il, parce que je*

1 le rendoient de peu — 3 donnée. Enfin cette — 5 une petite racine
— 20 je me soucie peu — 21 bien manger du votre

1. *demi*, de la main d'Aimé Martin.
2. D'une autre écriture, en interligne, *sa femme*.

n'en ai point. Je suis comme le Cordelier qui prechoit sur l'adultere : J'aime mieux boire une bouteille de vin qu'un verre de liqueur.

Pendant le repas nous parlames des Indes, des Grecs et
5 des Romains. Aprés le diner il fut me chercher quelques manuscrits dont je parlerai quand il sera question de ses ouvrages. Il me lut une continuation d'Emile, quelques lettres sur la botanique, un petit poeme en prose sur le Levite dont les Benjamites violerent la femme, des mor-
10 ceaux charmants traduit du Tasse. « Contés vous donner ces ecrits au public ? — *Oh! dieu m'en garde, dit-il ; je les ai faits pour mon plaisir, pour causer le soir avec ma femme. —* Oh ! oui, que cela est touchant, reprit Mme Rousseau. Cette pauvre Sophronie! j'ai bien pleuré quand mon mari
15 m'a lu cet endroit la. » Enfin elle m'avertit qu'il etoit plus de neuf heures du soir ; j'avois passé dix heures de suitte comme un instant.

Lecteur, si vous trouvés ces détails frivoles, n'allés pas plus avant ; tous me sont[1] pretieux a moi, et l'amitié
20 m'ôte la liberté du choix. Si vous aimés a voir de prés les grands hommes, et si vous cherissés dans un recit la simplicité et la sincerité, vous seres satisfait. Je ne donne rien à l'imagination, je n'exagere aucune vertu, je ne dissimule aucun defaut. Je ne mets d'autre art dans ma
25 narration qu'un peu d'ordre. Dans l'envie que j'avois de ne rien perdre de la memoire de Rousseau, j'avois recueilli quelques autres anecdottes ; mais elles n'etoient fondés que sur des oui dire, et j'ai voulu donner a cet ouvrage un meritte etranger meme aux meilleures histoires: c'est de

21 vous aimés dans — 27 anecdotes piquantes ; mais

---

1. *semblent*, d'une autre écriture.

ne pas renfermer la plus legere circonstance que je
n'en aye eté le temoin ou que je ne la tienne de sa
bouche[1].

Il etoit né a Geneve en 1708 d'un pere de la religion
5 reformée et horloger de profession. Il avoit un frere dont
il etoit le cadet. Ils furent elevés par leur mere et par la
sœur de sa mere, qui etoient si tendremen unies que,
lorsqu'elles les menoient promener, on doutoit à leur
affection commune à la quelle des deux ils apartenoient.
10 Il m'a cité des vers qui furent faits sur cette union si
rare et qui renferment cette idée ; mais je les ai oubliés,
ne me croyant pas destiné a rassembler un jour jusqu'aux
debris de son berceau. Il perdit sa mere a l'age de deux
ans ; sa tante continua de l'élever, et jamais il n'oublia les
15 soins qu'elle avoit pris de son enfance. Elle vit peut etre
encore, et elle vivoit du moins il y a quelques années ;
et voici comme je l'ai scu : un de mes anciens camarades
de college me pria, il y a trois ans, de le presenter à
J. J. Rousseau. C'etoit un brave garçon dont la tete etoit
20 aussi chaude que le cœur : [f. 3] il me dit qu'il avoit vu
Rousseau au chateau de Tri, et qu'etant ensuitte allé voir
Voltaire à Geneve, il avait apris[2] que la tante de Rousseau
demeuroit prés de la dans un village. Il fut lui rendre
visitte : il trouva une vieille femme qui, en aprenant qu'il
25 avoit vu son neveu, ne se possedoit pas d'aise : « Comment,
Monsieur, lui dit elle, vous l'avés vu ! Est il donc vrai
qu'il n'a pas de religion ! Nos ministres disent que c'est un
impie : comment cela se peut il ! Il m'envoye de quoi

10 apartenoient. J. J. Rousseau m'a cité

---

1. *la bouche de Rousseau.* Aimé Martin corrige ainsi : *la bouche même de Rousseau.*
   2. En interligne, d'une autre écriture : *on lui avait dit.*

vivre, pauvre vieille femme de plus de 80 ans, seule, sans servante, dans un grenier ; sans lui je serois morte de froid et de faim ! » Je repetai la chose a Rousseau mot pour mot. *Je le devois*, me dit il, *elle m'avoit elevé orphe-*
5 *lin*. Cependant il ne voulut pas recevoir mon camarade, quoique j'eus¹ tout disposé pour l'y engager. *Ne me l'amenés pas*, dit il, *il m'a fait peur : il m'a écrit une lettre ou il me mettoit audessus de J. Christ.*

Son pere lui aprit a connoitre ses lettres dans Plu-
10 tarque. A deux ans et demi il le faisoit lire, auprès de son etabli, dans la Vie des Hommes Illustres. Dès cet age il s'exprimoit avec sensibilite. Son pere qui lui trouvoit beaucoup de ressemblance avec l'epouse qu'il regrettoit, lui disoit quelquefois, le matin, en se levant : « Allons,
15 Jean Jacques, parle moi de ta mere. — *Si je vous en parle*, disoit il, *vous allés pleurer*. » Ce n'etoit point par sin-gularité qu'il aimoit a porter ce nom de Jean Jacques, mais parce qu'il lui rappelloit un age heureux et le sou-venir d'un pere dont il ne me parloit jamais qu'avec
20 attendrissement. Il m'a raconte que son pere etoit d'un temperament tres vigoureus, grand chasseur, aimant la bonne chere eta se rejouir. Dans ce temps la on for[moit]² a Geneve des cotteries dont chaque membre, suivant l'esprit de la reform[e], prenoit un surnom de l'ancien
25 testament. Celui de son pere étoit Da[vid]. Peut etre ce surnom contribua t il a le lier avec David Humes, car il aimoit a attacher aux memes noms les memes idées,

10 l'âge de deux ans

---

1. Aimé Martin corrige : eus*se*.
2. Sur une vingtaine de lignes le bord du manuscrit est rongé, diminué à peu près d'un demi-centimètre : je mets entre crochets les mots que j'ai dû compléter.

comme je le dirai dans une occasion ou il s'agissoit du
mien. Au reste ce prejugé lui a eté commun avec les plus
grands hommes de l'antiquité et meme avec le peu[ple]
romain, qui confia sa destinée a des generaux dont
5 le nom leur paraisoit d'un¹...pour avoir eté porté par
des hommes dont il cherissoit la memoire. C'est ce qu'on
peut voir surto[ut] dans [la] vie des Scipions.

Du temps de son pere ² il n'y avoit pas a Geneve un
citoyen bien elevé q[ui] ne scut son Plutarque par cœur.
10 Rousseau m'a dit qu'il a été un temps ou on connoissoit
mieux les rues ³ d'Athenes que celle de Geneve. Les jeunes
gens ne parloient dans leurs conversations que de légis-
lation, des moyens d'etablir ou de reformer [les] sociétés.
Les ames etoient nobles, grandes et gayes. Un jour d'eté
15 [qu'] une troupe de bourgeois prenoient le frais devant
leur porte, ils causoie[nt] et rioient entreux, lorsqu'un
lord vint a passer. Il crut a leurs rires ⁴ qu'ils se moquoient
de lui. Il s'arreta, et leur dit fierement : « Pourquoi riés
vous quand je passe ? — Un des bourgeois lui repondit
20 sur le même ton : « Eh ! pourquoi passés vous quand
nous rions ! » Son pere eut une querelle avec un colonel
qui l'avoit insulté et apartenoit a une famille considerable
de la ville. Il proposa au colonel de mettre l'epée à la

4 à des hommes dont — 6 dont ils cherissoient la mémoire —
19 bourgeois se leva et lui dit sur le même.

---

1. Ici un mot qui a manqué : Aimé Martin comble la lacune en
écrivant en marge : *d'un heureux augure.*
2. Aimé Martin biffe ces cinq mots et les remplace par : *alors.*
3. Ces deux mots sont à peu près illisibles et le passage est très
raturé : Aimé Martin l'a biffé et remplacé en marge par cette conjecture :
qu'il a été un tems ou il connoissait mieux les rues.
4. Ici un mot disparu.

main, ce qu'il refusa [1]. Cette avanture renversa sa fortune. La famille de son adversaire le força de s'expatrier; il mourut agé de près de cent ans.

J.-J. Rousseau, à l'age de 14 ans, sans fortune, et ne
5 scachant ou donner de la tete, s'en vint de Geneve a Lion a pied. Il arriva dans la ville a l'entrée de la nuit, soupa avec son dernier morceau de pain, et se coucha sur le pavé sous une arcade ombragée par des maroniers. C'etoit en eté. *Je n'ai jamais passé une nuit plus agreable*, me
10 dit-il; *je dormis d'un sommeil profond; ensuitte je fus reveillé au lever du soleil par le chant des oiseaux; frais et gay comme eux, je m'en allois en chantant dans les rues, ne scachant ou j'allois, et ne m'en souciant gueres. Je n'avois pas un sou dans ma poche. Un abé qui marchoit derrière moi m'apella :* « Mon
15 petit ami ! vous savez la musique : voudriés vous en copier ? *C'etoit tout ce que je scavois faire, je le suivis, et il me fit travailler.* — La Providence, lui dis je, vous servit a point nommé. Mais qu'eussiés vous fait si vous ne eussiez pas rencontré cet abé ? — J'aurois fini, me dit il, pro-
20 bablement par demander l'aumone quand l'apetit seroit venu. »

Son frere ainé partit a 17 ans pour aller faire fortune aux Indes. Jamais il n'en a oui parler. Il fut sollicité par un directeur de la compagnie des Indes d'aller à la Chine
25 et il etoit [2] faché de n'avoir pas pris ce parti. C'est a peu pres vers ce tems la qu'il fut en Italie. Le noble aveu

18 servit à propos. Mais — 23 sollicité aussi par — 24 aller en Chine — 25 n'avoir pas accepté alors sa proposition. C'est — 26 il fut pour la première fois en Italie — 26 en Italie. Le tableau qu'il fait

---

1. Aimé Martin corrige en interligne : *ce que celui ci.*
2. Aimé Martin change l'o de *étoit* en *a.*

qu'il fait de sa position, de ses fautes et de ses malheurs au commencement du troisieme volume d'Emile est si touchant que je ne peux me refuser le plaisir de le transcrire.

5 « Il y a trente ans que dans une ville d'Italie un jeune homme expatrié se voyoit reduit a la derniere misere. Il etoit né calviniste ; mais, par les suittes d'une étourderie, se trouvant fugitif en pays étranger, sans ressource, il changea de religion pour avoir du pain. Il y avoit dans 10 cette ville un hospice pour les proselytes : il y fut admis. En l'instruisant sur la controverse, on lui donna des doutes qu'il n'avoit pas, et on lui aprit le mal qu'il ignoroit ; il entendit des dogmes nouveaux, il vit des mœurs encore plus nouvelles ; il les vit, et faillit d'en être la vic- 15 time. Il voulut fuir, on l'enferma ; il se plaignit, on le punit de ses plaintes ; a la merci de ses tirans, il se vit traitter en criminel, pour n'avoir pas voulu ceder au crime. Que ceux [f. 4] qui savent combien la premiere epreuve de la violence et de l'injustice irrite un jeune 20 cœur sans experience, se figurent l'état du sien : des larmes de rage couloient de ses yeux, l'indignation l'étouffoit ; il imploroit le ciel et les hommes, il se confioit à tout le monde, et n'etoit ecouté de personne. Il ne voyoit que de vils domestiques soumis a l'infame qui 25 l'outragecit, ou des complices du même crime qui se rallioient de sa resistance et l'exitoient a les imiter. Il etoit perdu sans un honnete eclesiastique qui vint à l'hospice pour quelque affaire, et qu'il trouva le moyen de consulter en secret. L'eclesiastique etoit pauvre et avoit besoin de 30 tout le monde. Mais l'opprimé avoit encore plus besoin de lui, et il n'hesita pas à favoriser son évasion, au risque

4 transcrire ici. Il y a

de se faire un dangereux ennemi. Echapé au vice pour rentrer dans l'indigence, le jeune homme luttoit sans succès contre sa destinée ; un moment il se crut au dessus d'elle. A la premiere lueur de fortune ses maux et son pro-
5 tecteur furent oubliés ; il fut bientost puni de cette ingratitude. Touttes ses esperances s'evanouirent. Sa jeunesse avait beau le favoriser, ses idées romanesques gatoient tout. N'ayant ni assés de talent, ni assés d'adresse, pour se faire un chemin facile ; ne scachant être ni moderé ni
10 mechant, il pretendit à tant de choses, qu'il ne sut parvenir a rien. Retombé dans sa premiere detresse, sans pain, sans asile, prest à mourir de faim, il se ressouvint de son bienfaiteur. Il y retourne, il le trouve, il en est bien recu. Sa vue rapelle a l'eclesiastique une bonne
15 action qu'il avoit faitte ; un tel souvenir rejouit toujours l'ame. Cet homme etoit naturellement humain, compatissant. Il sentoit les peines d'autrui par les siennes, et le bien être n'avoit point endurci son cœur ; enfin les lecons de la sagesse et une vertu eclairée avoient affermi son bon
20 naturel. Il accueille le jeune homme, lui cherche un gite, l'y recommande ; il partage avec lui son necessaire a peine suffisant pour d'eux. Il fait plus : il l'instruit, le console ; il lui aprend l'art difficile de suporter patiement l'adversité. Gens a prejugés, est ce d'un pretre, est ce en Italie,
25 que vous eussiés esperé tout cela !

Cet honnete eclesiastique etoit un pauvre vicaire savoyard qu'une avanture de jeunesse avait mis mal avec son eveque [1]... » Après un tableau des malheurs et des vertus de son protecteur, « Je me lasse, dit-il, de parler
30 en tierce personne, et c'est un soin fort superflu, car vous sentés bien, cher concitoyen, que ce malheureux

---

1. Ces dix mots ont été ajoutés en interligne.

fugitif c'est moi meme ; je me crois assés loin des desordres de ma jeunesse pour oser les avouer ; et la main qui m'en tira meritte bien qu'aux depens d'un peu de honte je rende au moins quelque honneur à ses bien
5 faits ¹ ».

Echapé aux mains cruelles des moines, recueilli et rechauffé par un bon samaritain, il se vit un moment a la porte de la fortune et des honneurs. Il fut attaché a la legation de France a Venise, et il fit pendant l'absence de
10 l'ambassadeur les fonctions de secretaire d'Ambassade. L'Ambassadeur, qui etoit fort avare, voulut partager avec lui l'argent que la Cour de France passe dans ces circonstances en gratification aux secretaires : pour l'engager a faire ce sacrifice l'Ambassadeur lui disoit : « Vous n'avés
15 point de depense a faire, point de maison a soutenir. Pour moi, je suis obligé de raccommoder mes bas. — *Et moi aussi*, dit Rousseau, *mais quand je les raccommode il faut bien que je paye quelqu'un pour faire vos depeches.* Le caractere de cet ambassadeur etoit bien connu aux Afaires
20 Etrangeres ; une personne digne de foi m'a cité plusieurs axiomes ² de son avarice ; il disoit, ent[re] autres, que 3 souliers equivaloient a 2 paires, parce qu'il y en a toujours un plutôt usé que l'autre. En consequence il se faisoit toujours faire 3 souliers a la fois ³.
25   J'observai a cette occasion que tous les ambitieux

8 des grandeurs. Il fut — 16 soutenir comme moi — 17 moi aussi je raccommode les miens, dit

---

1. *Émile*, livre IV. La transcription de B. de Saint-Pierre est exacte, sauf deux mots.
   2. Lecture douteuse.
   3. Tout ce passage, depuis *le caractère*, est écrit en marge : un renvoi à la plume, d'une autre encre que le manuscrit, le place après *cruelles et injustes*.

finissoient par être avares, que l'avarice meme n'etoit qu'une ambition passive, et que ces deux passions sont également dures, cruelles, et injustes.

Il a vecu à Montpellier, en Franche Comté, en Suisse, aux environs de Neuf chatel ; mais j'ignore a quelles epoques. Je lui ai fait rarement des questions a ce sujet. Il ne me communiquoit de sa vie passée que ce qui lui plaisoit. Content de lui tel que je le voyois, peu m'importoit ce qu'il avoit été. Un jour, cependant, je lui demandai s'il n'avoit pas fait le tour du monde, et s'il n'etoit pas le St Preux de sa Nouvelle Heloïse. — *Non, me dit-il, je n'ai pas sorti de l'Europe. Ce n'est pas tout a fait ce que j'ai été, mais ce que j'aurois voulu être.*

Il paroit que sa destinée, au defaut des richesses, sema sur sa routte un peu de bonheur. Il eut un ami dans la personne de Georges Kheit, Milord Marechal, gouverneur de Neufchatel. Il en conservoit pretieusement la memoire. Ils avoient formé le projet, conjointement avec un Cap^{ne} de la compagnie des Indes, d'acheter chacun une metairie sur les bords du lac de Geneve pour y passer leurs jours. Les trois solitudes auroient ete entre elles a une demie lieue de distance : quand l'un des amis auroit voulu recevoir la visitte des deux autres, il auroit arboré un pavillon au haut de sa maison ; par cet arrangement chacun d'eux se menageoit deux choses pretieuses, fort douces et fort rares a mon gre, dans son habitation la liberté, et dans le paysage la vue du toit d'un ami [1].

Il a demeuré plusieurs années à Montmorency, dans

2 passions, si ce n'est pas la même, sont

---

[1]. Ce passage est biffé dans le texte, d'abord par Bernardin, puis par Aimé Martin, écrit à nouveau en marge, raturé par Bernardin, et modifié par Martin.

une petite maison scituée à mi cote au milieu du village.
Je lui disois que j'y etois entré. *J'y ai demeuré*, me dit-il,
*mais j'en ai occupé une bien plus agreable dans le bois même
de Montmorency.* [f. 5] *C'etoit un lieu charmant qu'on*
5 *apelloit l'hermitage, mais il n'existe plus : on l'a gaté. J'allois*
souvent me promener dans un endroit retiré de la forest qui
me plaisoit beaucoup. Un jour j'y trouvai des sieges de gazon.
Cette surprise me fit grand plaisir. — Vous aviés donc des
amis, lui dis-je. — *Dans ce temps là j'en avois*, reprit-il,
10 *mais a present je n'en ai plus.* — Pourquoi, lui disois je
une fois, avés vous quitté le sejour de la campagne que
vous aimés tant pour habiter une des rues de Paris les plus
bruiantes ? — *Il faut, me repondit il, pouvoir vivre à la cam-*
pagne. Mon etat de copiste de musique m'oblige d'etre à Paris.
15 *D'ailleurs on a beau dire qu'on vit a bon marché à la campagne,*
on y tire presque tout des villes. Si vous avés besoin de 2 liards
de poivre, il vous en coute six sous de commission. Eh puis, j'y
etois accablé de gens indiscrets. Un jour entre autres une femme
de Paris pour m'épargner un port de lettre de 4 s, m'en fit
20 *couter pres de 4 francs. Elle me l'envoya à Montmorency par*
un domestique. Je lui donnai a diner et un ecu pour sa peine.
C'etoit bien la moindre chose, il avoit fait le chemin a pied, et
il venoit pour moi. Quand a la rue Platriere c'est la premiere
rue ou j'ai logé en arrivant à Paris ; c'est une affaire d'ha-
25 *bitude : il y a 25 ans que j'y demeure.* Il avoit épousé ·
Mlle le Vasseur du pays de Bresse, de la religion catholique — dont il n'a point eu d'enfans [1].

3 agréable au milieu du bois — 8 me fut fort agréable. — vous —
9 dis-je en riant. — Dans — 11 séjour paisible de — 24 c'est le premier endroit où

---

[1]. Ces huit derniers mots sont biffés deux fois, une première fois
par Bernardin, la seconde fois par Aimé Martin.

Après avoir jetté un coup d'œil sur les événements de sa vie, passons à sa constitution phisique. Dans la pluspart de ses voyages il aimoit à aller a pied, mais cet exercice n'avoit jamais pu l'accoutumer à marcher sur le

5 pavé. Il avoit les pieds très sensible. *Je ne crains pas la mort*, disoit il, *mais je crains la douleur*. Cependant il etoit tres vigoureux ; a 70 ans il alloit aprés midi au pré St Gervais, ou il faisoit le tour du bois de Boulogne, sans qu'a la fin de cette promenade il parut fatigué. Il avait eu

10 des fluxions aux dents qui lui en avoient fait perdre une partie. Il en faisoit passer la douleur en mettant de l'eau tres froide dans sa bouche. Il avait observé que la chaleur des aliments occasione les maux de dents, et que les animaux qui boivent et mangent froid les ont fort

15 saines. J'ai verifié la bonté de son remede et de son obser-vation, car les peuples du nord, entr'autres les Hollandois, ont presque tous les dents gatés par l'usage du thé qu'ils boivent très chaud, et les paysans de mon pays les ont très blanches [1]. Dans sa jeunesse il eut des palpitations si

20 fortes qu'on entendoit les battements de son cœur de l'apartement voisin : « J'etois alors amoureux, me dit-il. Je fus trouver à Montpellier, Mr Fitse fameux medecin ; il me regarda en riant, et, en me frapant sur l'épaule, « Mon bon ami, me dit il, buvés moi de temps en temps un

25 bon verre de vin. » Il apelloit les vapeurs *la maladie des gens heureux*. « Les vapeurs de l'amour sont douces, lui dis-je, mais si vous aviés éprouvé avec elles celles de

---

2 sa vie, jettons en un sur sa — 4 marcher à pied sur le — 5 pavé. Il était très sensible — 11 dents, qui les lui avoient touttes gastées. Il en — 13 aliments occasionent les — 17 thé chaud qu'ils — 24 mon petit ami

---

1. Ces dix derniers mots étaient écrits au crayon en interligne, et repassés à l'encre par Martin.

l'ambition, vous en jugeriés peut être autrement. » Il en
avoit de temps a autre quelques ressentiments. Il m'a
conté qu'il n'y avoit pas longtemps il avoit cru mourir
un jour qu'il etoit dans le cul de sac Dauphin sans en
5 pouvoir sortir, a cause que la porte des Thuilleries etoit
fermée derriere lui, et que l'entrée de la rue étoit barrée
par des carosses ; mais, dès que le chemin fut libre, son
inquietude se dissipa. Il avoit aplique a ce mal le seul
remède qui convienne à tous les maux : d'en oster la
10 cause. Il s'abstenoit de méditations, de lectures, et de
liqueurs fortes. Les exercices du corps, le repos de l'ame,
et la dissipation, avoient achevé d'en affoiblir les effets.
• Il fut longtemps affligé d'une descente et d'une retention d'urine qui l'obligea d'user de bandages et d'une
15 sonde. Comme il vivoit a la campagne presque toujours
seul, dans les bois, il imagina de porter une robe longue
et fourée pour cacher son incommodité. Et comme dans
cet etat une perruque etoit peu commode il se coeffa
d'un bonnet. Mais d'un autre cote cet habillement parois-
20 sant extraordinaire aux enfans et aux badauds qui le sui-
voient partout, il fut obligé d'y renoncer. Voila comme
on a attribue a l'esprit de singularité ce prétendu habit
d'Armenien que ses infirmités lui avoient rendu necessaire.
25   Il se guerit, a la fin, de ses maux en renoncant à la
medecine et aux medecins. Il ne les apelloit pas meme
dans les accidents les plus imprevus. En 1770 [1], a la fin
de l'autome, en descendant le soir la pente de Menilmon-

---

13 longtemps attaqué d'une — 13 cet état, un bonnet étoit plus commode et plus convenable, il se — 20 côté, come cet habillement paroissoit extraordinaire

---

1. Ou 1776 : le dernier chiffre est discutable.

tant, un de ces grands chiens danois que la vanité des
riches fait courir dans les rues au devant de leurs carosses,
pour le malheur des gens de pied, le renversa si rude-
ment sur le pavé qu'il en perdit toute connoissance ; des
5 gens charitables qui passoient le releverent : il avoit la
levre superieure fendue, le pouce de la main gauche tout
ecorché ; il revint a lui ; on voulut lui chercher une voiture : il n'en voulut point de peur d'y etre saisi du froid.
Il revint chés lui à pied ; un medecin accourut : il le
10 remercia de son amitié, mais il refusa son secours ; il se
contenta de laver ses blessures qui, au bout de quelques
jours, se cicatriserent parfaitement. *C'est la nature*, disoit
il, *qui guerit : ce ne sont pas les hommes.*

Dans les maladies interieures il se mettoit a la diette, et
15 vouloit etre seul, pretendant que alors le repos et la solitude etoient aussi necessaires au corps qu'a l'ame.

Son regime en santé l'a maintenu frais, vigoureux et
gay, jusqu'a la fin de sa vie. Il se levoit a cinq heures du
matin en ete, se mettoit a copier de la musique jusqu'a
20 7 heures et demie, alors il dejeunoit, [f. 6] et, pendant son dejeuner, il s'occupoit à arranger sur du papier
les plantes quil avoit cueillies l'après midi de la veille ;
après dejeuner il se remettoit à copier de la musique. Il
dinoit à midi et demi. A une heure et demie il alloit
25 prendre du caffé assés souvent au caffé des Champs Elisées ou nous nous donnions rendés vous. Ce caffé etoit
un petit pavillon du jardin de Mme la duchesse de Bourbon, qui avoit été un cabinet de bain de la Marquise de
Pompadour. Ensuitte il alloit herboriser dans les cam-
30 pagnes, le chapeau sous le bras en plein soleil, même

3 pied, des femmes, des enfants et des vieillards, le — 8 voiture : il
la refusa de peur — 25 souvent à coté des — 27 pavillon de l'hotel
de Mme

dans la canicule. Il pretendait que l'action du soleil lui
faisoit du bien. Cependant je lui disois que tous les peuples
meridionaux couvroient leurs tetes de coeffures d'autant
plus elevées qu'ils aprochent plus de la ligne ; je lui citois
5 les turbans des Turcs et des Perses, les longs bonnets
pointus des Chinois et des Siamois, les mitres elevées des
Arabes, qui cherchent tous a menager entre leurs têtes et
leurs coeffures un grand volume d'air, tandis que les
peuples du nord n'ont que des toques ; j'ajoutois que la
10 nature fait croitre dans les pays chauds des arbres à large
feuille qui semblent destinés a donner aux animaux et
aux hommes des ombrages plus epais. Enfin je lui rapel-
lois l'instinct des troupeaux qui vont se mettre à l'ombre
au fort de la chaleur ; mais ces raisons ne produisoient
15 aucun effet : il me citoit l'habitude et son experience.
Cependant j'attribue à ces promenades brulantes une maladie qu'il eprouva dans l'eté de 1777. C'etoit une revolution
de bile, avec des vomissements et des crispations de
nerfs si violentes qu'il m'avoua n'avoir jamais tant
20 souffert. Sa dernière maladie arrivée l'année suivante,
dans la meme saison, à la suitte des memes exercices,
pouroit bien avoir eu la meme cause. Autant il aimoit le
soleil, autant il craignoit la pluye. Quand il pleuvoit il
ne sortoit point : *Je suis, me disoit il en riant, tout au con-*
25 *traire du petit bon homme du barometre suisse : quand il rentre,*
je sors, et quand il sort, je rentre. Il etoit de retour de la
promenade un peu avant la fin du jour ; il soupoit et se
couchoit à neuf heures et demies. Telle etoit l'ordre de
sa vie. Ses gouts etoient aussi simples et aussi naturels [1].

11 semblent par là destinés — 13 je lui citois l'instinct — 20 souffert
de sa vie. Sa

---

1. « A commencer par le sens qui en est le precurseur, comme il n'usoit
point de tabac il avoit l'odorat fort subtil. Il ne recueilloit pas de plantes

Il mangeoit de tous les aliments à l'exception des asperges parce qu'il avoit éprouvé qu'elles offensent la vessie. Il regardoit les haricots, les petits poids, les jeunes artichaux comme moins sains et moins agreables au goût que ceux qui ont acquis leur maturité. Il ne mettoit pas a cet egard de difference entre les primeurs en legumes et les primeurs en fruits. Il aimoit beaucoup les feves de marais quand elles ont leur grosseur naturelle et que toutefois elles sont encore tendres. Il m'a raconté que, dans les premiers temps qu'il vint a Paris, il soupoit avec des biscuits ; il y avoit alors deux fameux patissiers au Palais Royal ches lesquels beaucoup de personnes alloient faire leur repas du soir. L'un d'eux mettoit du citron dans ses biscuits, et l'autre n'y en mettoit pas. Celui ci passoit pour le meilleur. « Autrefois, me disoit il, nous buvions, ma femme et moi, un quart de bouteille de vin a notre souper ; ensuitte est venue la demi bouteille ; a present nous buvons la bouteille toutte entiere. Cela nous rechauffe. »

Il aimoit a se rapeller les bons laitages de la Suisse, entr'autres de celui qu'on mange en quelques endroits du

4 artichauts et les primeurs en légume comme — 5 que lorsqu'ils ont — 8 ont acquis leur

---

qu'il ne les flairat, et je crois qu'il auroit pu faire une botanique de l'odorat s'il y avoit autant de noms propres à les caractériser qu'il y a d'odeurs dans la nature. Il m'avoit apris a en connoitre beaucoup par les seules emanations : le caryophile dont la racine a l'odeur du girofle, la croisette qui sent le miel, le muscari la prune, le leucopodium vulvare la morue salée, un espece de geranium le gigot de mouton roti, une vesse de loup faconnée en boette en savonette divisée en cotes de melon avec un tel artifice que si on s'essaye de l'ouvrir par là elle se fend tout à coup par une suture transversale et imperceptible et vous couvre d'une poussiere putride. Que dire de ces jeux ou la nature imite jusqu'aux ouvrages de l'homme comme pour s'en moquer ? » [Note de Bernardin].

bord du lac de Geneve. La creme en été y est couleur de rose, parce que les vaches y paissent quantité de fraises qui croissent dans les paturages des montagnes. « Je ne voudrois pas, disoit il, faire tous les jours bonne chere,
5 mais je ne la hais pas. Un jour que j'etois dans le carosse de Montpellier, quelques lieues avant d'y arriver, on nous servit a l'auberge un diner excellent en gibier, en poisson et en fruits ; nous crumes qu'il nous en couteroit beaucoup : on nous demanda 30 s. par tête. Le bon mar-
10 ché, la société qui se convenoit, la beauté du paysage et de la saison nous firent prendre le parti de laisser aller le carosse. Nous restames là trois jours, a nous rejouir. Je n'ai jamais fait meilleure chere. On ne jouit des biens de la vie, que dans les pays ou il n'y a point de commerce.
15 Le desir de tout convertir en or fait qu'ailleurs on se prive de tout. » Cette reflexion peut servir d'objection a ceux de nos politiques modernes qui veulent etendre sans dis-cretion le commerce d'un pais comme la chose la plus heureuse qu'on puisse lui procurer. A l'observation de
20 Jean Jacques sur les jouissances des peuples qui n'ont point de commerce j'en ajouterai une sur les privations de ceux qui en ont beaucoup. J'ai un peu voyagé, et j'ai vu, dans les pays ou l'on fabrique beaucoup de draps, le peuple presque nud ; dans ceux ou l'on engraisse quantité
25 de beufs et de volailles, le paysan sans beurre, sans œufs, et sans viande, ne mangeant que du pain noir dans ceux ou croit le plus beau froment ; c'est ce que j'ai vu a la fois en Normandie dont les campagnes [sont les] plus fer-tiles et les plus commerçantes que je connoisse... Au
30 demeurant personne n'etoit plus sobre que Rousseau. Dans nos promenades c'etoit toujours moi qui lui faisois

13 jamais de ma vie fait — 20 des pais qui — 26 viande, n'y vivre que

la proposition de gouter. Il l'acceptoit, mais il falloit absolument qu'il payât la moitié de la depense ; et, si je la payois a son insçu, il refusoit les semaines suivantes de venir avec moi. *Vous manquez*, disoit-il, *a nos engage-*
5 *mens.* La gourmandise est un goust de l'enfance, mais c'est aussi quelque fois celui des vieillards. S'il avoit eu ce vice, combien de bonnes tables a Paris auroient eté a sa discrétion. Mais la bonne compagnie y est plus rare que la bonne chere, et le plaisir disparoissoit pour lui
10 dès qu'il etoit en opposition [f. 7] avec quelque vertu. J'en citerai une occasion où il fut sollicité par un besoin fort vif. Un jour d'été très chaud, nous nous promenions au pré St Gervais. Il étoit tout en sueur ; nous fumes nous asseoir dans une des charmantes solitudes de ce
15 lieu, sur l'herbe fraiche, à l'ombre des cerisiers, ayant devant nous un vaste champ de groseille dont les fruits étoient tout rouges. « J'ai grand soif, me dit il, je mangerois bien des groseilles.... ; elles sont mures, elles font envie, mais il n'y a pas moyen d'en avoir. Le maître n'est
20 pas là. » Il n'y toucha pas. Il n'y avoit aux environs ni gardes, ni maîtres, ni temoins, mais il voyoit dans le champ la statue de la justice. Ce n'etoit pas son epée qu'il respectoit, c'étoient ses balances.

Ses yeux n'etoient pas moins continents que son
25 goust. Jamais il ne fixoit une femme, quelque jolie qu'elle fut. Son regard était assuré, et même percant, lorsqu'il étoit ému ; mais jamais il ne l'arretoit que sur celui de

5 engagemens. Je sçais que la — 5 un vice de l'enfance — 12 par le besoin même. Un jour d'été fort chaud que nous nous — 20 pas. Cependant il n'y avoit rien à risquer : il n'y avoit personne aux environs. Quand meme un des gardes ou le propriétaire seroit survenu, certe il etoit aisé de les satisfaire. C'etoit une bagatelle. D'ailleurs nous decouvrions de loin. Il n'y avoit personne aux environs, ni gardes — 21 ni gardes, ny témoins, ni maîtres — 23 épée qui lui faisoit peur, c'étoient — 24 yeux n'avoient pas moins de continence que — 27 assuré et perçant même dans les émotions ; mais

l'homme auquel il vouloit se communiquer. Ce cas rare
excepté, il ne s'ocupoit dans les rues qu'a en sortir sure-
ment et promptement. Je lui disois un jour sur son indifference pour les objets devant lesquels nous passions :
5 « Vous ressemblés à Xenocrates qui pensoit que de jetter les yeux dans la maison d'autrui c'etoit autant que d'y
mettre les pieds ».— « *Oh ! c'est un peu trop fort !* » repondit-il. Le spectacle des hommes, loin de lui inspirer de
la curiosité, la lui auroit otée. J'ai souvent remarque sur
10 son front un nuage qui s'eclaircissoit a mesure que nous
sortions de Paris et qui se reformoit a mesure que nous
nous en raprochions. Mais quand il etoit une fois dans
la campagne son visage devenoit gay et serein :
« *Enfin, nous voila*, disoit-il, *hors des carosses, du pavé et*
15 *des hommes.* » Il aimoit sur tout la verdure des champs.
« J'ai dit à ma femme, me disoit-il : quand tu me verras
bien malade et sans esperance d'en revenir, fais moi porter
au milieu d'une prairie : sa vue me guerira. » Il ne voyoit
pas de fort loin, et pour apercevoir les objets éloignés
20 il s'aidoit d'une lorgnette. Mais de près il distinguoit dans
le calice des plus petites fleurs des parties que j'y voiois a
peine avec une forte loupe. Il aimoit l'aspect du mont
Valerien, et quelquefois, au coucher du soleil, il s'arretoit
à le considerer sans rien dire, non pas seulement pour y
25 observer les effets de la lumiere mourante au milieu
des nuages et des collines d'alentour, mais parce que
cette vue lui rappelloit les beaux couchers du soleil dans
les montagnes de la Suisse. Il m'en faisoit des tableaux

---

1 celui de l'homme, l'ami, auxquels il vouloit se communiquer.
Jamais la curiosité ne le faisoit errer sur ce qui se, les spectacles qu'offre
l'intérieur, leur, les objets. Ce cas rare. — 5 qui disoit que — 8 fort »
me dit-il. Le — 10 sur son visage un — 12 reformoit en y rentrant.
Mais — 13 dans la plaine, son visage etoit gay — 19 pour observer les
objets — 27 rappelloit, disoit-il, celle des beaux

charmans : « On y trouve quelquefois, disoit il, des positions enchantees. J'y ai vu au milieu d'un cratere entouré de longues piramides de roches seches et arides, un bassin ou croissent, les plus riches vegetaux, et d'ou sortent
5 des bouquets d'arbres, au centre des quels est bien souvent une petite maison. Vous etes dans les airs et vous apercevés sous vos pieds des points de vue delicieux. Je ne voudrois pas cependant demeurer sur [une] montagne, parce que les belles vues otent le plaisir de la promenade.
10 Mais je voudrois y avoir ma maison à mi cote. » Il n'etoit sensible qu'aux beautés de la nature. Un jour cependant que j'allais a Sceaux pour la premiere fois, il me dit : « Vous le verrés avec plaisir ; je n'aime point les parcs, mais, de tous ceux que j'ai vus, c'est celui que je prefere-
15 rois. » Il n'aprouvoit pas les changements qu'on avoit faits a celui de la Muette, ou il alloit quelque fois se promener. Les ruines des parcs l'affectoient plus que celles des chateaux. Il consideroit avec interest ce mélange de plantes etrangeres sauvages et domestiques, ces
20 charmilles redevenues des bois, ces grands arbres jadis taillés et qui se hatent de reprendre leur forme, ce concours ou l'art des hommes ne lutte contre la nature que pour faire connaitre son impuissance. Il rioit de la bisarrerie de nos riches qui scellent sur les bords de leurs
25 ruisseaux factices des grenouilles et des roseaux de plomb et qui font detruire avec grand soin ceux qui y viennent naturellement ; et se moquoit de leur mauvais goust qui leur fait entasser dans de petits terrains les simulacres des

4 et de la sortent — 7 apercevés de toutes parts des aspects délicieux —11 nature. Il n'aimoit point les parcs. Un jour — 16 celui du château de la — 17 affectoient davantage que — 19 domestiques, ces charmilles redevenus des bosquets, ces — 22 ce combat où l'art — 23 connaître sa fragilité, son

ruines d'architectures de tous les pays et de tous les siècles. Mais quand elles y seroient mieux ordonnees je crois qu'elles n'en seroient pas plus d'effet. Ce n'est pas parce que les monumens de l'antiquité inspirent de la
5 melancolie que nous en aimons la vue. O grands, voulès vous que vos parcs offrent un jour a la posterite des ruines venerables comme celles des Grecs et des Romains ? Faites regner comme eux d'avance la vertu dans vos palais et le bonheur dans vos villes...
10 « Les athees, disoit Rousseau, n'aiment point la campagne. Ils aiment bien celle des environs de Paris[1], ou l'on a tous les plaisirs de la ville, les bonnes tables, les brochures, les jolies femmes ; mais, si vous les otés de la, ils y meurent d'ennui. Ils n'y voyent rien. Il n'y a pas
15 cependant sur la terre de peuple que le simple aspect de la nature n'ait penetré du sentiment de la divinité. Si un homme de genie comme Platon arrivoit chez des sauvages, avec les découvertes modernes de la phisique, et qu'il leur dit, « Vous adorés un etre intelligent, mais
20 vous ne connoissés presque rien de la beaute de ses ouvrages », et qu'il leur fit voir touttes les merveilles du microscope et du telescope, ah ! quel seroit leur ravissement ! Ils tomberoient a ses pieds, ils l'adoreroient lui meme comme un dieu. Comment se peut il qu'il y ait des
25 athées dans un siecle aussi eclaire que le notre ? C'est que les yeux se ferment, que le cœur se resserre. » On peut juger par ce que sentoit Rousseau qu'il ne voyoit

3 plus respectables. Ce — 5 o princes, voulés — 6 que un jour vos. 8 eux des a present la — 10 la simplicité de la campagne — 17 un homme comme — 27 juger par la manière de sentir de Rousseau

---

1. En marge, de l'écriture de Bernardin : « Ceci a transposer a l'article de son cœur. »

rien dans la nature avec indifference ; cependant tout ne l'interessoit pas egalement. Il preferoit les ruisseaux aux rivieres. Il n'aimoit pas la vue de la mer qui inspire, disoit il, trop de melancolie. De touttes les saisons il n'ai-
5 moit que le printems ...« Quand, disoit il. [f. 8] quand les jours commencent a decroitre, l'eté est fini pour moi. Mon imagination me represente l'hyver. — Vous avés fait, lui dis je, votre année bien courte ; les beaux pay-sages de la Suisse vous ont gaté ; si vous aviés vu les
10 longs hyvers de la Russie, vous trouveriés les notres sup-portables. La nature est une belle femme qui m'interesse toujours, gaye, triste. melancolique — Novembre et decembre ne plaisent qu'a la raison¹ ». Au reste il n'y avoit personne qui en tirat plus de jouissance, et il n'y
15 avoit pas une plante ou il ne trouvat de la grace et de la béaute.

Il avoit l'ouie fin et juste, ainsi que la voix. Il disoit que la musique lui étoit aussi necessaire que le pain. Mais quand il vouloit chanter en s'acompagnant de son
20 epinette pour me repeter quelques airs de sa composi-tion, il se plaignoit de sa mauvaise voix cassée. Nous nous arretions quelquefois avec delices pour entendre le rossignol. « Nos musiciens, me faisoit il observer, ont tous imité ses hauts et ses bas, ses roulades et les caprices ;
25 mais ce qui le caracterise, ses piou piou prolongés, ses sanglots, ses [s]ons gémissants qui vont a l'âme et qui traversent tout son chant, c'est ce qu'aucun d'eux n'a su exprimer. » Il n'y avoit point d'oiseau dont la musique

2 indifference ; cependant il n'en aimoit pas tout également. Il — 11 qui ne me plait pas toujours — 24 caprices de son chant ; mais — 28 n'a imité. C'est cependant ce qui le caractérise. » Il

1. Ces huit mots sont en marge, au crayon.

ne le rendit attentif. Les airs de l'allouette qu'on entend
dans la prairie tandis qu'elle échape a la vue, le ramage
du pinson dans les bosquets, le gazouillement de l'hiron-
delle sur les toits des villages, les plaintes de la tourte-
5 relle dans les bois, le chant de la fauvette qu'il comparoit a celui d'une bergere par son irregularité et par je
ne scais quoi de villageois, lui faisoient naitre les plus
douces images. « Quels effets charmants, disoit-il, on en
pouvoit tirer pour nos operas ou l'on represente des
10 scenes champetres. »

On ne finiroit pas sur les sensations d'un homme qui
au contraire de ceux qui raportent a des lois mecaniques
les operations de leur ame, apliquoit les affections de la
sienne a toutes les jouissances de ses sens. L'amour
15 n'etoit donc point en lui une simple affaire de temperament. Il m'a assuré une chose que bien des gens auront
peine a croire, c'est *que jamais une fille du monde quelque
belle qu'elle fut ne lui avoit inspiré le moindre desir.* Il croioit
cependant que le simple concours des causes phisiques
20 pouvoit être dirigé au point non seulement d'ebranler
la sagesse mais encore de renverser la raison. Il m'en a
cité un exemple frapant : un jeune homme de Geneve,
elevé dans l'austerité des mœurs de la Reforme, vint a
Versailles du temps du Regent. Il entra le soir au chateau :
25 la duchesse de Berry tenoit le jeu ; il s'aprocha d'elle ;
l'éclat de ses diamans, l'odeur de ses parfums, la vue de
sa gorge demi nue le mirent tellement hors de lui que
tout a coup il se jetta sur le sein de la duchesse en y col-
lant a la fois les mains, la bouche. Les courtisans l'arra-

---

1 les chants de l'allouette — 2 l'allouette dont le corps se perd dans
les nues tandis que le son se fait entendre sur la terre, dans les prairies
le ramage — 5 tourterelle dans les chênes, le chant irregulier de la —
13 ame, raportoit les sentiments de son cœur à toutes — 14 les operations de ses — 20 être rassemblé au point — 29 bouche et les mains. Les

cherent, et voulurent le jetter par les fenetres. Mais la duchesse deffendit qu'on lui fit du mal, et ordonna qu'on en prit grand soin. D'un autre coté il ne regardoit pas l'amour comme une simple affection platonique. Il avoit
5 refusé de voir une belle femme qu'il avoit aimée et qui avoit vieilli, pour ne pas perdre l'illusion agreable qui lui en etoit restée.

Il falloit que les agrements de la figure concourussent avec les qualités morales pour le rendre sensible : alors il
10 leur trouvoit tant de pouvoir que l'age meme ne l'en auroit pas preservé, s'il n'en avoit evité les occasions. Mais il regardoit l'amour dans un vieillard comme un desordre de la raison. « On n'aime point sans esperance, disoit il ; j'aurois mauvaise opinion de la tete d'un vieillard amou-
15 reux. » Nous parlerons de quelques unes des inclinations de sa jeunesse lorsquil sera question de son ame. Pour ne rien omettre ici de ce qui étoit etranger a son esprit et a son cœur, je vais parler de sa fortune. Un matin que j'etois chés lui, je voyois entrer à l'ordinaire des domes-
20 tiques qui venoient chercher des roles de musique, ou qui lui en aportoient a copier. Il les recevoit debout, et tete nue ; il disoit aux uns : « Il faut tant », et il recevoit leur argent ; aux autres, « *Dans quel temps faut il rendre ce papier ?* » — « Ma maitresse, repondoit le domestique,
25 voudroit bien l'avoir dans quinze jours. » — « *Oh ! cela*

---

7 A l'age ou je l'ai connu, quoique toujours sensible, il regardoit l'amour dans un vieillard comme ridicule. « On n'aime point sans espe-rance, disoit il ; j'aurois mauvaise opinion de la teste d'un vieillard amoureux. » Lors qu'il etoit dans l'age d'aimer, il falloit que les agre-ments de la figure se joignissent aux qualités morales ; c'etoit l'essentiel. Nous parlerons de quelques unes de ses inclinations lors que nous par-lerons de son ame. Pour ne rien omettre de ce qui etoit etranger a son esprit et a son cœur, je parlerai ici de sa fortune. — Tout ce passage est barré de cinq traits de plume, et remplacé par le paragraphe suivant. — 11 occasions. Car il regardoit — 12 un dérangement de la

n'est pas possible : j'ai de l'ouvrage ; je ne peux le rendre que dans trois semaines. » Tantost il s'en chargeoit, tantost il le refusoit, en mettant dans les details de ce commerce toutte l'honneteté d'un ouvrier de bonne foi. Je me rap-
5 pellois la reputation de ce grand homme. Quand nous fumes seuls, je ne pus m'empecher de lui dire : « Pourquoi ne tirés vous pas un autre parti de vos talents ? »

Oh ! reprit-il, il y a deux Rousseaux dans le monde : l'un, riche, ou auquel il n'a tenu qu'a lui de l'etre, un homme capri-
10 *cieux, singulier, fantasque : c'est celui du public ; l'autre est obligé de travailler pour vivre, et c'est celui que vous voyés.*

« Mais vos ouvrages auroient du vous mettre à l'aise ; ils ont enrichi tant de libraires ! » — *Je n'en ai pas tiré*
20 *mille livres. Encore si j'avois reçu cet argent à la fois, j'aurois pu le placer. Mais je l'ai mangé successivement comme il
15 est venu. Un libraire de Hollande, par reconnaissance, m'a fait six cents livres de pension viagere, dont trois cents livres sont reversibles à ma femme apres ma mort. Voila toutte ma fortune. Il m'en coute cent louis pour entretenir mon petit
20 ménage : il faut que je gagne le surplus.*

[f. 9] « Pourquoi n'ecrivés vous plus ? » — « Plust a Dieu que je n'eus jamais écrit ! C'est la l'epoque de tous mes malheurs. Fontenelle me l'avoit bien predit. Il me dit quand il vit mes essais : « Je vois ou vous irés, mais
25 souvenes vous de mes paroles : je suis un des hommes qui a le plus joui de sa reputation : elle m'a valu des pensions, des places, des honneurs et de la consideration ; avec tout cela jamais aucun de mes ouvrages ne m'a procure autant de plaisir qu'il ne m'a occasioné de chagrin. Des que

7 Pourquoi, avec tant de célébrités, ne tirés — 8 talents? *Célébrité,... célébrité... Oh ! reprit-il* — 14 Encore si cet argent etoit venu à la fois — 26 reputation pendant sa vie : elle m'a — 28 En interligne et biffé : « Les plus grandes louanges donnés à mes ouvrages ne m'ont fait autant de plaisir que les critiques de chagrin. »

vous aurés pris la plume, vous perdres le repos et le bonheur. » Il avoit bien raison : je ne les ai retrouvés que depuis que je l'ai quittée ; il y a dix ans que je n'ai rien ecrit. »

5 J'en avois oui dire autant de Racine. Voila trois hommes combles de reputation, et trois malheureux : le sort d'un homme de lettres est donc bien a plaindre en France.

« Pour quoi, continuai je, n'avés vous pas vendu au 10 moins vos manuscrits plus cher ? » Il me fit alors le detail du prix qu'il en avoit reçu, que j'ai oublié en partie : « J'en ai tiré tout ce que j'en pouvois tirer. J'ai vendu Emile 7 mille livres ; les libraires s'excusoient sur les contrefactions. »

15 « Mais ne contrefont ils pas a leur tour les ouvrages de leurs confreres ? Que resulte t il de leurs sophismes ? C'est que le corps des autheurs ne tire presque rien de ses travaux, tandis que le corps des libraires en recueille presque tout le benefice. Quand on attaque les abus des particuliers 20 qui tiennent a un corps, il faut attaquer les membres et le corps a la fois, sans quoi les premiers se couvrent du credit de leurs corps, et le corps rejette sur ses membres les abus dont il s'enrichit. Pourquoi un autheur ne feroit il pas saisir, partout ailleurs que chés son libraire, son 25 ouvrage, comme un bien qui est a lui, partout ou il se trouve ? La loi le permet, mais il faut tant d'aprest, des ordres, des magistrats et des intendans qui protegent ses fraudes sous pretexte du bien du commerce de leur province. » — « J'entends. Cela leur vaut des 30 bibliotheques qui ne leur coutent rien. » — « Mais vous

16 ouvrages des autres ? que — 18 que les libraires en — 24 libraire, un ouvrage — 27 intendants de la province qui

auriés du faire de nouvelles editions. » — « Si vous n'ajou-,
tés ni ne retranchés rien à un ouvrage, le libraire n'a
pas besoin de l'autheur; si vous y faites des changements,
vous trompés le libraire et ceux qui ont acheté la pre-
5 miere edition. J'ai toujours mis dans la premiere tout ce
que j'avois à y mettre. » Il me raconta que, dans le temps
meme ou il me parloit, un libraire de Paris mettoit en
vente une nouvelle edition de ses ouvrages, et repandoit
le bruit que pour dedomager J. J. Rousseau de la peine
10 qu'il avoit prise a la faire, il lui avoit passé ainsi qu'a sa
femme un contrat de mille ecus de pension. Jean Jacques
pria un de ses amis de s'en informer : le libraire eut l'im-
pudence de lui affirmer ce mensonge. Rousseau s'en
plaignit à M. de Sartine ; il n'eut point de justice. C'est
15 le meme libraire qui a ajouté à ses ouvrages, a la fin de
1778, un 9ᵉ volume de pieces falsifiées, et qui depuis est
devenu fou. « Mais, repris je, le prince de Conty qui
vous aimoit tant auroit du vous laisser une pension
par son testament. » — « J'ai prié Dieu de n'avoir jamais
20 à me rejouir de la mort de personne. » — « Pardonnés,
si j'ai tort : pourquoi ne vous a t il pas fait du bien pendant sa vie ? » — « C'etoit un prince qui promettoit toujours et qui ne tenoit jamais. Il s'etoit engoué de moi. Il
m'a causé de violens chagrins. Si jamais je me suis
25 repenti de quelque demarche, c'est de celles que j'ai faittes
auprès des grands. »

« Vous avés augmenté les plaisirs des riches, et on dit
que vous avés constament refuse leurs bienfaits. » —

---

7 Paris faisoit courir le bruit que J. J. travailloit a une 2ᵉ edition
de ses ouvrages qu'il alioit mettre en vente et pour les travaux de
laquelle il avoit — 13 affirmer que rien n'étoit si vrai. Rousseau se
plaignit de ce mensonge à M. de Sartine — 15 ouvrages, après sa mort
à la fin — 18 vous vouloit tant de bien, auroit — 24 Si dans ma vie je
me suis jamais repenti

« Lorsque je donnai mon Devin du Village, un duc m'envoya 4 louis pour environ 66 livres de musique que je lui
avois copiee : je pris ce qui m'étoit du, et je renvoyai le
reste ; il fit repandre (?) partout que j'avois refuse ma for-
5 tune. D'ailleurs ne faut il pas estimer un homme pour
l'accepter comme son bienfaiteur ? La reconnaissance est
un grand lien. » — « Votre Devin du Village, qui raporte
chaque année tant d'argent a l'Opera, auroit du seul vous
mettre a votre aise? » — « Je l'ai vendu 12 cents livres
10 une fois payés, avec mes entrées pour toute ma vie. Mais
les directeurs de l'Opera me les ont refusés pour avoir ecrit
contre la musique françoise, condition que je n'avois certainement pas comprise dans mes engagements. Un soir
que j'y voulois entrer, on me refusa la porte. Je payai
15 un billet 7 liv. 10 s. et je fus me placer au milieu de
l'amphiteatre. Ils ont rompu notre accord les premiers.
Ainsi, en leur rendant l'argent que j'en ai reçu, je rentre
dans tous mes droits, et je peux conter avec eux de clerc
a maître. J'ai demandé justice et je n'ai pu l'obtenir ; mais
20 je pourrai le leguer par mon testament à un homme qui
aura asses de credit pour leur faire rendre ma part du
benefice au profit des pauvres. » Il me nomma son lega-
taire : c'etait l'archevêque de Paris ; et, tout en le plai-
gnant, je ne pus m'empecher de rire. « J'ai oui dire que
25 quand vous donates votre Devin du Village, Mme la Mise
de Pompadour vous avoit envoyé un service d'argenterie
dont vous n'acceptates qu'un couvert, en disant qu'un
seul suffisoit à qui mangeoit seul. » — « J'ai été calomnié
de toutes les manieres : elle m'envoya 50 louis, et je les
30 pris. Au reste je n'ai refusé ma fortune d'aucun souverain. »

14 porte, mais je n'en eus pas le démenti. Je payai — 15 au beau
milieu — 20 qui a les bras longs et qui aura — 26 l'argenterie de 12
couverts dont — 27 un seul couvert — 28 à un homme qui

« Pourquoi avés vous refusé la pension du roi d'Angleterre que Mr Hume vous avoit procurée ? excusés mes questions indiscrettes. » — « Oh ! vous me faittes le plus grand plaisir : on ne detruit les calomnies qu'en les mettant au jour. Quand je passai en Angleterre avec M. Hume, j'eus plusieurs sujets de m'en plaindre : il ne faisoit point manger avec lui Mlle le Vasseur qui etoit ma gouvernante. Il se fit graver coeffé en aile de pigeon, beau comme un petit ange, quoi qu'il fut fort laid, et, dans une autre estampe qui servit de pendant a la sienne, il me fit representer comme un ours. Il me montroit en spectacle dans sa maison, sans [f. 10] dire un seul mot ; enfin, croyant avoir raison de m'en plaindre, je refusai ses services, et je me separai d'avec lui. Le Roy d'Angletere me fit assurer qu'il me donnoit, de son plein gré, cent guinées de pension, sans aucun egard à Mr Hume. Je l'acceptai avec reconnaissance. A quelque temps de là parut à Londres une satire abominable sur mon compte. Je crus que les Anglois en etoient les autheurs. J'y preparai une reponse. Avant de la faire paroitre, il me parut qu'il ne convenoit pas de dire du mal d'une nation et de recevoir des bienfaits de son souverain : je renoncai a la pension afin d'avoir le cœur net et libre. Point du tout. J'aprends que c'etoient en France qu'on avoit fabriqué ces detestables pamphlets. Je me crus obligé de chanter la palinodie... De retour a Paris, j'ecrivis à l'ambassadeur d'Angleterre, qui ne me repondit point : j'avois auprès de lui Valpool mon ennemi, l'autheur d'une lettre suposee du Roi de Pruse, lettre qui compromet l'honneur d'un souverain, et dont l'autheur par tout pays auroit eté puni si

1 souverain. Excusés mes questions indiscrettes. Pourquoi — 12 spectacle chez lui, sans — 20 paroitre, je trouvai qu'il ne — 24 c'étoient dans Paris qu'on avoit — 28 d'une fausse lettre

son objet n'avoit pas eté de me tourner en ridicule. On aporta ches moi a quelque temps de la une somme d'argent, dont on demanda quittance, sans vouloir dire de quelle part il venoit. J'etois absent. J'avois donné ordre a ma femme en pareil cas de le refuser; je n'en ai plus entendu parler depuis. L'Angletterre, dont on fait en France de si beaux tableaux, a un climat si triste, mon ame fatiguée de tant de secousses y etoit dans une melancolie si profonde, que dans tout ce qui s'est passé je peux avoir fait des fauttes, mais sont elles comparables à celles de mes ennemis qui m'y ont persecuté, et quand il n'y auroit que celles d'avoir trahi ma confiance et d'avoir rendu publiques des querelles particulieres ? » — « N'auriés vous pu prendre quelque autre etat que celui de copiste de musique ? » — « Il n'y a point d'emploi qui n'ait ses charges. Il faut une occupation. J'aurois cent mille livres de rente que je copierois de la musique : c'est pour moi a la fois un travail et un plaisir. D'ailleurs je ne me suis ni elevé au dessus ni abaissé au dessous de l'etat ou la fortune m'a fait naitre : je suis fils d'un ouvrier, et ouvrier moi meme; je fais ce que j'ai fait dès l'age de 14 ans. »

Voila un precis presque litteral d'une conversation que j'eus un soir avec lui sur sa fortune. Il venoit des hommes de tout etat le visitter, et je fus temoin plus d'une fois de la maniere seche dont il en econduisoit quelques uns. Je lui disois : « Sans le scavoir ne vous serois je pas importun comme ces gens là ? » — « Quelle difference, me repondit il, d'eux a vous. Ces Messieurs viennent par

---

13 particulières — De conséquence en conséquence vous êtes tombé dans le malheur : c'est l'inconstance d'autrui qui vous fait passer pour inconstant. Si vous aviez changés avec eux... N'auriés — 18 musique : je l'aime; c'est — plaisir pour moi. D'ailleurs — 29 me dit-il, d'eux

curiosité, pour dire qu'ils m'ont vu, pour connoitre les
details de mon petit menage et pour s'en mocquer. » —
« Ils y viennent, lui dis-je, a cause de votre celebrité. »
Il repeta avec humeur : « Celebrité ! celebrité ! » Ce mot
5 le fachoit. L'homme celebre avoit rendu l'homme sensible
trop malheureux. Pour moi je ne le quittois point sans
avoir soif de le revoir. Un jour que je lui raportois un
livre de botanique, je rencontrai dans l'escalier sa femme
qui descendoit : elle me donna la clef de la chambre, en
10 me disant : « Vous y trouverés mon mari. » J'ouvre sa
porte : il me recoit sans rien dire d'un air austere et
sombre ; je lui parle : il ne me repond que par monossil-
labes. En copiant sa musique il effaçoit et ratissoit a
chaque instant son papier... J'ouvre pour me distraire un
15 livre qui etoit sur sa table. — « Mr aime la lecture »,
me dit il d'une voix troublée. Je me leve pour me retirer.
Il se leve en même ten, et me reconduit jusque sur l'escalier, en me disant, comme je le priois de ne pas se
deranger : « C'est ainsi qu'on en doit agir envers les per-
20 sonnes avec lesquelles on n'a pas une certaine familia-
rite. » Je ne lui repondis rien, mais agite jusqu'au fond
du cœur d'une amitie si orageuse je me retirai resolu de
ne plus retourner chés lui.

De son caractère.

25 Il y avoit deux mois et demi que je ne l'avois vu
lorsque nous nous rencontrames une apres midi au detour
d'une rue. Il vint a moi et me demanda *pourquoi je ne venois
plus le voir.* » — « Vous en sçavés la raison », lui repon-

8 botanique qu'il m'avoit prêté, je rencontrai — 9 elle me dit : voila
la clef — 15 Mr, me dit-il, aime — 21 mais pénétré jusqu'au — 23 plus
le revoir — 28 sçavés, lui dis-je, la raison

dis je. « *Il y a des jours*, me dit il, *ou je veux etre seul. J'aime mon particulier. On a beau faire, on sort presque toujours de la societé mecontent de soi ou des autres. Je reviens si tranquille, si content de mes promenades solitaires ! Je n'ai manqué*
5 *a personne, personne ne m'a manqué. Je serois faché*, ajouta-t il d'un air attendri, *de vous voir trop souvent, mais je serois encore plus faché de ne vous pas voir du tout* » ; puis, tout ému : « *Je redoute l'intimité ; j'ai fermé mon cœur...* mais j'ai un a plomb...* » faisant de ses mains comme s'il
10 m'eut toisé : « *quand le moment sera venu...* » — « Que ne mettés vous, lui repondis je, un signal à votre fenêtre quand vous voules recevoir ma visitte, comme vous en vouliés mettre un avec vos amis sur les bords du lac de Geneve ? Au moins, quand je vais vous voir et que vous
15 voulés etre seul, que ne m'en prevenés vous ? » — « *L'humeur me surmonte*, reprit-il, *et ne vous en apercevés vous pas bien ? Je la contiens quelque temps ; ensuite je ne suis plus le maître : elle éclatte malgré moi. J'ai mes defauts. Mais, quand on fait cas de l'amitié de quelqu'un, il faut prendre le*
20 *benefice avec les charges.* » Il m'invita a diner chés lui pour le lendemain.

On peut juger par ce trait de la noble franchise de son caractere. Mais avant d'en citer d'autres, je me permettrai quelques reflexions sur ce que j'entends par caractere [1].

12 voules que je vous aille voir, comme — 15 Que ne me le dittes vous ? — On trouve une autre copie à peu près identique de tout ce passage aux folios 122, 133, 134. — 22 franchise et de la droiture de son

1. F. 1-10. Ici commence, dans le manuscrit sur lequel Aimé Martin a fait imprimer son texte, une copie inexacte, et que, par surcroit, Martin a corrigée après coup, ainsi qu'on pourra s'en rendre compte, si l'on veut comparer les deux éditions. J'ai établi ce nouveau texte d'après la suite du manuscrit original qui figure au même dossier, folios 112 et 113 : le brouillon, très raturé, se trouve au folio 119.

III

[SUR LE CARACTÈRE]

Il me semble que le caractere est le resultat de nos qualités phisiques et morales. Nos philosophes l'atribuent au climat, mais ils se trompent ; car il en resulteroit que tous les homes sous la meme latitude auroient le meme
5 caractere, ce qui est contraire a l'evidence : le Turc grave, silentieux, resigne, et le Grec etourdi, babillard, inquiet, l'ancien Romain et l'Italien moderne, enfin le capucin et l'home d'opera, sont envelopés du meme athmosphere, et vivent sous le même climat.
10 Pour trouver l'origine de nos caracteres il faut remonter a des lois moins mechaniques, et distinguer dans les homes deux caracteres : l'un donné par la nature, l'autre par la societe.

Le caractere naturel est très varié, comme nous le
15 voyons par les temperamens de chaque homme. Etre vif ou flegmatique, leger ou robuste, adroit ou fort, gay ou serieux, brusque ou patient sont des differences necessaires au plan de la nature qui destinoit l'homme a remplir sur la terre une infinité d'emplois très variés, et qui
20 a varié de meme les inclinations, les goust, et, j'ose dire, les instincts de chaque homme. Chacune de ces diffe-

5 contraire à l'expérience : le turc — 9 climat, sont nouris par la même terre. Il en resulteroit encore qu'entre les memes paraleles tous les hommes naitroient du meme temperament, ce qui est évidemment faux, contraire a l'evidence. Pour — 14 est toujours bon quoi qu'il soit infiniment varié, comme

rences est bonne en elle même ; j'ai une si haute opinion
de la sagesse de ses loix que, si chaque homme remplis-
soit la place auquel elle l'a destiné par son caractere, il y
seroit le plus grand et le plus extraordinaire qui y eut
5 paru.

Le caractere naturel est bon. On est forcé pour trouver
des exemples de l'excellence du caractere naturel de
l'homme de recourir aux peuples les plus voisins de la
nature. Tous nos voyageurs sont rempli de leurs eloges ;
10 mais j'en citerai un qui ne doit pas etre suspect a ceux
auquels la nature humaine l'est devenue : c'est celui d'un
homme d'esprit, chargé par le gouvernement de observer les peuples de l'Amérique septentrionale.

Ce qui surprend infiniment, dit il, dans des hommes
15 dont tout l'exterieur n'annonce rien que de barbare, c'est
de les voir se traiter entre eux avec une douceur et des
egards qu'on ne trouve point parmi le peuple dans les
nations les plus civilisés. ...On n'est pas moins charmé de
cette gravité naturelle et sans faste qui regne dans toutes
20 leurs manieres, dans toutes leurs actions, et jusques dans
la plus part de leurs divertissements, ni de cette honetete
et de ces deferences qu'ils font paraitre avec leurs egaux,
ni de ce respect des jeunes gens pour les persones agées,
ni enfin de ne les voir jamais se quereller entre eux avec
25 ces paroles indecentes et ces juremens si communs
parmi nous. Les qualités du cœur leur sont si naturelles
qu'ils ne les regardent pas meme comme des vertus, telle
que l'amitié, la compassion, la reconaissance... Le soin
qu'ils prenent des orphelins, des veuves, des infirmes,
30 l'hospitalité qu'ils exercent d'une maniere si admirable

---

3 son naturel, il y seroit — 7 de la bonté du caractere — 12 d'esprit,
d'un missionaire, et qui plus est d'un jesuite le pere Charlevoix, chargé
— 12 de parcourir les peuples

ne sont pour eux qu'une suitte de la persuasion ou ils sont que tout doit etre comun entre tous les hommes. Chacun, dit-il en parlant de l'amitié, chacun parmi eux a un ami a peu pres de son age, auquel il s'attache, et qui s'attache a lui par des liens indissolubles ; 2 homes ainsi unis pour leur interest comun doivent tout faire et tout risquer pour s'entre aider et se secourir mutuellement. La mort meme, a ce qu'ils croyent, ne les separe que pour un temps ; ils comptent bien se rejoindre dans l'autre monde pour ne se plus quitter, persuadés qu'ils y auront encore besoin l'un de l'autre.

Qu'on ne s'imagine pas que ces qualités soient l'effet de l'education. Les peres et les meres ont pour leurs enfants une tendresse qui va jusqu'a la foiblesse : jamais ils ne les maltraitent dans leurs ecarts ; ils se contentent de dire : « Ils n'ont pas de raison. » Quand ils les poussent a bout, ils leur jettent un peu d'eau au visage, et ces punitions de leurs parens [leur sont] si sensibles, qu'une fille dit a sa mere : « Tu n'auras plus de fille. » Elle s'etrangla de desespoir.

D'ou viennent donc ces admirables qualités de la nature, auxquels ils laissent le tems de se déveloper ? Je ne me lasse point de transcrire : « Le soin que les meres prennent de leurs enfans, tandis qu'ils sont encore au berceau, est au dessus de toutte expression, et fait voir bien sensiblement que nous gatons souvent tout par les reflexions que nous ajoutons a ce que nous inspire la nature. Elles ne les quitte jamais, elles les portent partout avec elles, et lorsqu'elles semblent succomber sous le poids dont elles se chargent, le berceau de leur enfant n'est compté pour rien : on diroit même que ce surcroit

20 Elle en mourut de chagrin. D'où — 30 sous le fardeau dont

de fardeau est un adoucissement qui rend le reste plus leger.

Rien n'est plus propre que ces berceaux : l'enfant y est comodement et mollement couché, mais il n'est bandé
5 que jusqu'a la ceinture, de sorte que, quand le berceau est droit, ces petites creatures ont la tete et la moitié du corps pendant ; on s'imagineroit en Europe qu'un enfant qu'on laisseroit en cet état deviendroit tout contrefait, mais il en arrive tout le contraire : cela leur rend le corps souple,
10 et ils sont en effet tous d'une taille et d'un port que les mieux faits parmi nous envieroient. Que pouvons nous opposer a une experience si generale ?... Les enfans des sauvages, au sortir du berceau, ne sont genes en aucune maniere, et, des qu'ils peuvent se rouler sur les
15 pieds et sur les mains, on les laisse aller ou ils veulent, tout nuds, dans l'eau, dans les bois, dans la boue et dans la nege, ce qui leur fait un corps robuste, leur donne une grande souplesse dans les menbres, les endurcit contre les injures de l'air... Les peres et les meres ne negligent
20 rien pour inspirer a leurs enfans certains principes d'honneur qu'ils conservent toutte leur vie.... Quand ils les instruisent sur cela, c'est toujours d'une maniere indirecte. La plus ordinaire est de ieur raconter les belles actions de leurs ancetres ou de ceux de leur nation. Ces
25 jeunes gens prennent feu a ces recits et ne soupirent plus qu'apres les occasions d'imiter ce qu'on leur a fait admirer. Quelquefois, pour les corriger de leurs defauts, on employe les prieres et les larmes ; mais jamais les menaces...

Une mere qui voit sa fille se comporter mal, se met a
30 pleurer. Celle ci lui en demande le sujet, et elle se contente de lui dire : « Tu me deshonores. » Il est rare que cette maniere de reprendre ne soit pas efficace... Ordinairement la plus grande punition que les sauvages employent

pour corriger leurs enfans c'est de leur jetter un peu d'eau
au visage; les enfans y sont fort sensibles, et a tout ce
qui sent le reproche... : on a vu des filles s'etrangler pour
avoir receu une reprimande assès legere de leur mere ou
5 quelques goutes d'eau au visage, et les en avertir en leur
disant : « Tu n'auras plus de fille. »

Ce temoignage est celui d'un home d'esprit, d'un missionaire, et qui plus est, d'un jesuite : le pere Charlevoix,
chargé par le gouvernement d'observer le caractere des
10 peuples de l'Amerique septentrionale. Il est seulement
seme[1] de correctifs qui paroissent l'ouvrage de la Societe
plutot que le temoignage d'un home qui partout regrette
le bonheur de ces peuples simples et naturels, qui avoue
que plusieurs Francois en assez grand nombre ont vecu
15 come eux et s'en sont si bien trouvés, dit-il, que plusieurs n'ont jamais pu gagner sur eux, quoi qu'ils pussent
etre fort a leur aise dans la colonie, d'y revenir. Au contraire il n'a pas été possible a un seul sauvage de se faire
a notre maniere de vivre. On a pris de leurs enfans au
20 maillot ; on les a elevés avec beaucoup de soin ; on n'a
rien omis pour leur oter la conoissance de ce qui se passoit ches leurs parens ; toutes ces precautions ont ete
inutiles : la force du sang l'a emporté sur l'education : des
qu'ils se sont vu en liberté, ils ont mis leurs habits en
25 pieces, et sont allés au travers des bois chercher leurs com-
patriotes dont la vie leur a paru plus agreable que celles
qu'ils avoient mené ches nous... « Ils n'ont pas envie,
dit il ailleurs, de conoitre les faux biens que nous esti-
mons tant, que nous achetons au prix des veritables et
30 que nous goutons si peu... Avant de conoitre nos vices

30 nos desordres, rien

---

1. Le copiste a lu : *suivi* [f. 14]; le mot est presque illisible.

rien ne troubloit leur bonheur. L'yvrognerie les a rendu intéressés et a troublé la douceur qu'ils goutoient dans le domestique et dans le comerce de la vie. Toutefois, come ils ne sont frapés que de l'objet present, les maux que
5 leur a causés cette passion n'ont point encore tourné en habitude : ce sont des orages qui passent, et dont la bonté de leur caractere et le fond de tranquilité d'ame qu'ils ont recue de la nature leur ote presque le souvenir quand ils sont passés. » Voyés depuis la page 31 jusqu'a la
10 page 38 du tome 6e de l'Histoire de la Nouvelle France. Qu'est-ce qui pouroit raconter leur courage dans les conbats, leur constance dans les tourments, dans les maladies, aux aproches de la mort ? [f. 113]. Que ceux qui douteroient encore de la bonté du caractere naturel la
15 considerent dans les enfants, et qu'ils se rapellent ce passage de la vie [de Jésus] dans st Marc, chap. 10, verset 13 : « Alors on lui presenta de petits enfans, afin qu'il les touchat ; et comme ses disciples repoussoient avec des paroles dures ceux qui les lui presentoient, Jesus,
20 le voyant, s'en facha, et leur dit : « Laissés venir a moi les petits enfants et ne les empechés point, car le royaume de Dieu est pour ceux qui leur ressemblent. »

Voila donc pour le caractere naturel.

Venons au caractere social.

25 Si nous receuillons les temoignages de ceux qui ont ecrit sur nos mœurs, les philosophes, les poetes, [pour savoir] par quelles caracteres on classeroit parmi nous le genre humain, il me semble que, chés les 1ers, on les diviseroit 1 en sincere, en amis, en hospitaliers, en géné-

10 du livre 2, tome — 15 dans la jeunesse, et qu'ils — 26 sur les mœurs — 29 en franc, sincere

---

1. Au-dessus de ces cinq derniers mots, Bernardin a écrit en interligne : *si les 1ers mettent des caractères sur leur...*: la correction est interrompue.

reux, en bienfaisant, en intrepides, en patriotes, en doux, en constants, en bons ; voyés ce qu'ont peint les notres parmi nous : le tartuffe, le médisant, le menteur, le jaloux, le mechant, le flatteur, le fanfaron, l'indiscret, 5 le fripon, l'orgueilleux, le corrupteur ou l'ami de la maison : sans conté une infinité d'autres qu'ils n'ont ose y mettre, a cause qu'ils font trop d'horreur, ou qu'ils sont trop connus, come le voleur, la femme publique, le calomniateur, l'impie, l'assassin. Voila parmi eux l'his-10 toire de l'espece humaine et parmi nous.

On me dira que nos tragedies offrent des vertus : oui, mais tous les heros de la vertu ou de la tragedie sont etrangers ; tous ceux du vice, [de] la comedie, sont nationaux.

15 Je ne parle pas des autres ridicules mis sur la scene parmi nous, comme les etats de la société, les peres, les domestiques, les maris, les medecins, les gens de robe, les poetes, les tuteurs ; enfin tous les liens de la nature et de la societé brisés par le ridicule. Ceci est un effet du 20 caractere mechant de leur autheur ; ceux des sauvages n'en pouroient jamais etre susceptibles par leur bonté intrinseque : le chasseur, le pecheur, le guerrier, le pasteur, l'agriculteur ; et s'ils pouvoient être rendus, ils n'interesseroient jamais.

25 D'ou viennent ces desordres ? de l'education sociale : 1° en rompant par les nourices mercenaires les 1ers liens de la famille et de la patrie ; 2° de l'education publique, par son uniformité, en voyant les jeunes gens de nos colleges, de temperament si different, et destinés a tant

3 voyés ce que disent les nottres parmi — 6 maison : voila les caracteres dont ils ont classé la societe, l'espece humaine — 14 nationaux. Mais d'ou viennent tous ces desordres ? A mon avis de l'éducation sociale. Je ne — 19 société rendus ridicules. Ceci — 25 désordres ? de l'éducation qui est corrompue, et surtout de l'éducation publique : 1° en rompant

d'emplois, recevoir la meme education : il me semble voir des arbres a fruit de toutes sortes d'espece tailles a la meme hauteur et mutilés par les mêmes ciseaux. 2o¹ elle les deprave par sa methode, en les occupant 7 ans de
5 suitte de questions de gramaire ; on ne leur apprend [qu']a toujours parler, a ne jamais agir, a voir les beaux discours honorés et les bones actions sans récompense ; elle les remplit de contradictions, en leur insinuant, suivant les autheurs qu'on leur explique, des maximes de
10 republicain et d'esclave, d'ambition et d'abnegation de soi même ; on les rend chretiens par le catholicisme, payens par les beaux vers de Virgile, Grecs ou Romains, jamais François ; on les eleve au dessus de leur siecle par les traits d'heroisme de l'antiquité, et on les met au dessous
15 des betes par des chatiments qui avilissent.

L'effet de cette education si vaine, si contradictoire, si atroce, est de les rendre pour toute leur vie babillards, cruels, trompeurs, hypocrites, sans principes, intolérants. Voila parmi nous l'effet d'une bone éducation².
20 La societé y pourvoira, dit on ; voyons ses effets moraux [sur] une jeunesse ainsi préparée, qui n'a retenu que... deux principes de son education, l'un, de se laisser conduire par l'amour des louanges... et l'autre d'avoir en tout la 1ʳᵉ place. Les femmes qu'ils frequentent, et les mau-
25 vais livres qu'ils lisent, leur inspirent leurs opinions en employant la methode de leurs regens, en les louant ou

5 gramaire, en les rendant feroces ou avilis ; on ne — 8 recompense ; on les remplit — 17 babillards, vains, cruels

1. Sic pour 3°.
2. Ici le texte devient illisible ; des mots manquent à chaque instant. Heureusement nous avons dans le même manuscrit, au folio 171, une première rédaction de ce passage qui va nous permettre de suppléer à ce *locus desperatus.*

en se moquant d'eux. Come ils sont battus de tant d'opinions qui se croisent, ét qu'ils voyent que leurs etudes ne
leur servent plus a rien pour parvenir, ils fremissent par
une ambition negative, qui cherche a abatre tout ce qui
5 s'eleve : de la les intrigues, les calomnies, les duels, les
proces, les querelles ; et c'est, dans ce siecle, le caractere
de la multitude, et la cause de tous les maux de la societé.

De cette opinion de college, sous le titre specieux
d'emulation, resulte tous nos desordres… ; et pour moi,
10 considerant que le cœur humain n'a que deux ressorts,
l'ambition et l'amour, je trouverai qu'il seroit plus raiso-
nable de leur aprendre a faire l'amour qu'a avoir de l'emulation, car celle la [1] pouroit trouver un objet honete qui
la rempliroit, tandis que l'autre n'en peut trouver dans la
15 societé qui ne tourne a sa ruine. C'est donc en vain qu'on
allume en eux la soif de la plus terible des passions. Voila
come l'education et la societé deprave les caracteres naturels en leur inspirant non pas de se tenir a sa place mais a
celle des autres [f. 171].

20 Après cela viennent les grandes proprietés qui accu-
mulent tous les revenus et les emplois d'une nation entre
un petit nombre d'homes, force les autres a tromper, a se
faire fripons, filles publiques, mauvais soldats, journa-
listes……. et tout ce que peut conseiller mali suada fames.
25 C'est la une des causes des ruines des empires : voyés ce
qu'en dit Pline, dans un livre dedié a Trajan ; voila ce que
n'ose dire nos ecrivains par ce que c'est la classe qui
donne [2] des pensions et a souper.

Ce furent les grandes proprietes qui perdirent Rome.
30 Les Antonins, les Marc Aureles,… vous voyés de beaux

30 Aurèles,… les Trajans,… vous voyés

----

1. C'est-à-dire l'amour.
2. Dans le ms : donent.

exemples ; mais a quoi cela servit il ? Tout etoit d'un coté.
Vous ne voyés pas que l'empire ait repris de la vigueur. Il
falloit d'autres lois... ¹ Mais ce n'est pas ici le lieu d'en
parler. Mais quelque beau que soit le caractere naturel,
5 quelque absurde que soit l'education sociale, jamais le
1ᵉʳ ne peut etre entiérement detruit, qu'on n'y reviene tot
ou tard dans certains moments, et c'est ce qui paroit dans
la vie des grands hommes qui ont de ces retours frequens ;
car les grands homes sont parmi ceux que leur siecle n'a
10 point entraînés, ceux qui ont du naturel, et qui, come
nous le disons, ressemblent mieux a l'antiquité...²

Et alors on voit paraitre des homes heroiques. C'est
ainsi que sous Henri 4, après les guerres civiles, et sous
Louis 14, nous avons vu paraitre tant de grands homes,
15 comparables les 1ᵉʳˢ en vertu a ceux de Jules Cesar, les
autres en talent au siecle d'Auguste. Car la guerre civile
come après les mouvements de la fièvre : le sang s'etant
epure, le corps prend de la vigueur.....³

Cette distinction était nécessaire pour comprendre une
20 chose que disoit Rousseau : « Je suis d'un naturel hardi,
et d'un caractere timide. » L'un etoit le caractere doné par
la nature, l'autre le caractere acquis ou social [f. 113].

Si vous pensés donc que Rousseau, livré en naissant aux
douces lois de la nature, elevé par un bon pere, par une
25 mere tendre, par une bonne tante, fut invité des en naissant a etre aimant, sincere, confiant et bon ; que son ame
ensuitte fut exaltée par la lecture des Scipion, des Lycurgue,
par les mœurs libres et pures de la republique, vous
aurés une idée de son caractere naturel. Si vous pensés
30 ensuitte que sans fortune, sans talent pour l'intrigue, jetté

---

1. Tout ce passage se compose de notes, plutôt qu'il n'est rédigé.
2. Suivent six lignes illisibles ou ne présentant pas de sens.
3. Suivent deux lignes ne presentant guère de sens.

a la fleur de l'age dans le monde, changeant de religion
pour avoir du pain, livré par des moines corrompus qui
l'outragerent, miserable et trompé ; quel contraste etrange
[existait] entre ses mœurs et la societé, sa franchise et
5 l'astuce d'autrui, sa pureté privée et la corruption universelle ; vous verés l'origine de son caractere social. Pour
moi je m'etone que son caractere naturel ait pu resister a
tant de secousses, et combien l'education domestique
donne a l'ame une trempe durable et forte. Il dut en
10 resulter qu'il dut toutte sa vie se croire dans la societé en
pais ennemi, ce qui le rendit timide, solitaire et mefiant ;
mais il resulta au moins de sa pauvre fortune qu'elle lui
dona les moyens de revenir a son caractere naturel en
mettant d'abord une barriere entre lui et les autres
15 hommes peu curieux de la franchise ; qu'elle lui laissa...
ses opinions pures et nettes des prejugés du monde ; qu'il
se forma une excellente judiciaire, et qu'il goutoit le
calme d'une bone conscience.....

Aussi la liberté lui etoit si chere qu'il lui sacrifioit toutte
20 espece de liaison, come a la mere nourice des vertus du
pauvre, et la seule portion de bonheur a laquelle il put
pretendre sur la terre. Les riches l'[ont] accusé d'etre
orgueilleux parce qu'il refusoit leurs diners ; mais les
medisances, les calomnies, les disputes litteraires, les
25 sous-entendus, les perfidies, les basses complaisances, les
anecdottes malignes dont il faut meubler sa memoire pour
payer son ecot, les sottes opinions qu'il faut adopter, les
haines de partis qu'il faut epouser, en bannissent naturellement tout home qui a l'ame tant soit peu honneste.

30 On l'a accusé d'etre hypocrite, lui qui etoit l'home le
plus sincere qui ait jamais paru, lui qui n'a flatté persone,
qui a avoué ses propres fautes, et qui, dans ses ecrits et
dans sa conduitte, ne se soucioit en rien de l'opinion !

Pourquoi auroit il eté hypocrite ? Qui auroit il voulu seduire, lui qui avoit attaqué tous les partis sans lesquels [1], come il me le disoit, tout home dans la societé est nul ?

5   4 ou cinq causes ont contribué a altérer son humeur, dont la moindre a suffi quelquefois pour rendre un home mechant : la persecution, les calomnies, la mauvaise fortune, la maladie, le travail excessif des lettres. Il a observé avec raison qu'elles aigrissent les passions. Il 10 etoit, lorsqu'il ecrivoit, des semaines entieres sans dire un mot a sa feme, mais jamais ces causes reunies ne l'ont détourné des lois de la justice [2].

1. Dans le ms. : *lequel*.
2. F. 152. — « Dans le tems qu'il écrivoit il etoit des huit jours sans parler a sa feme. » [f. 106.]

IV

CARACTÈRE SOCIAL

I. méfiant. II. timide. III. solitaire. IV. triste. V. caustique. VI. fier [1].

I

On lui a reproché sa mefiance ; mais voyes dans un
auberge ou il y a 20 tables : de 20 qui entre[nt] chacun
prend la sienne et s'isole de son voisin [f. 120].

« Il etoit mefiant ; mais jugés s'il n'avoit pas sujet de
l'etre.... : j'ai conu un home qui le voyoit presque come
son ami, et qui s'amusoit a faire sur lui une comedie
du Mefiant ; et il me faisoit l'honeur de m'y metre, come
gentillesse. Je ne lui en parloi point par ce qu'il m'avoit
doné sa conaissance, et que l'autre [agissait] a l'exemple,
disoit-il, de Moliere, qui prit son personage de Montlau-
sier. Jugés le siecle, et les homes qui l'entouroient. »...

Il faut se taire, sans quoi on est ecrasé [f. 105].

« La mefiance qu'il avoit des homes s'etendoit aux choses
naturelles. Il croioit [à] une destinée qui le persecutoit.
Un jour de printems, au bois de Boulogne, le tems [se
mit] à la pluie : « Irons nous pius loin ? » — Il me dit :
« Il fera mauvais ; je n'ai point de parapluie ; j'ai balancé ;
vous aurés part a mon sort. » Il me conta qu'un jour
d'hiver, en janvier, « je voulus prendre l'air. Un moucheron se noya dans mon œil, et pendant six semaines [me
causa] des tourmens inexprimables. La providence n'a
soin que des especes, et non des individus. » — « La

10 parce qu'il m'avoit fait faire sa connaisssance

---

1. F. 113.

croyés vous moins etendue que l'air, qui environne les plus petits corps ? »

Quelle ame forte, qui n'attendoit dans ce monde aucun secours des hommes ni de Dieu !

5 Et cependant il en concluoit que la vue du desordre moral et de l'ordre naturel... : « Il faut qu'il y ait une suite. Après tout, il n'est besoin de la nature. Je sens qu'il doit me revenir quelque chose [1]. »

La pluie vint, il l'avoit prevu, vis a vis de la Muette. Il 10 etoit son chapeau sous le bras ; j'etois un peu indisposé : « Eh bien ! lui dis je, prenons le tour a tour [2]. N'allons pas faire come le menier l'ane et son fils. » — « Vous etes indisposé. » — « Vous en peruque, et plus agé. » Il le prend. Venu au cours, il me dit : « A votre tour ! » — Je lui dis : 15 « Je suis deja mouillé ; nous le serons tous deux ; au moins qu'il y en ait un de sec. » Il y consentit, mais son amour pour la justice en souffrit [f. 105].

II

Son caractere.

20 S'il se presentoit un etranger, il gardoit le silence, et se renfermoit en lui meme. Piron, si celebre par ses mots caustiques, quel plaisir il prenoit : « Que voulez vous ? Il y a des gens qui aiment a etre victimes ! » Il auroit été aisé d'etre tyran avec lui [f. 102].

25 ### Du caractere et du naturel de Mr Rous.

Il me disoit quelquefois : « Je suis d'un caractere timide, et d'un naturel hardy. »

---

1. Aimé Martin a arrangé ce passage, p. 450-451.
2. Le parapluie de Bernardin.

Sur quoi nous observerons ce que nous entendons par caractere et naturel.

Dans la nature, il n'y a point de difference, et ces 2 mots sont sinonimes. Il y a donc un caractere naturel
5 et un factice....

Les caracteres naturels, qui ne sont pas des passions, sont d'etre triste ou gay, aimant la societe, ou la solitude, l'exercice ou le repos, la liberté ou [la dépendance]. Il n'y a point de caractere naturel qui ne soit bon et très bon;
10 c'est de cette varieté que donne la nature que se forme cette variété admirable d'etats, d'inclinations, si neces-saires aux besoins de la société et a son harmonie ; et un grand defaut de nos moralistes et de nos educations et du monde est de vouloir les reformer, et faire des etres
15 homogenes : come le caractere naturel reste toujours, on fait des hypocrites, ou des homes sans caractere, tres comuns.

Tous les caracteres s'allient avec la vertu, et lui donent quelque chose de piquant : la gayete de Socrate, la dou-
20 ceur et la sensibilité de Fenelon, la causticité et la brus-querie des 2 Catons, l'austerité et la morosité d'Epictete, le cinisme de Diogene, la modestie de   , la dou-ceur   ; vouloir les détruire, c'est vouloir qu'il n'y ait qu'une seule fleur : j'aime la melancolie de l'anemone,
25 j'aime le brillant de la rose. On se fait donc un caractere qu'on assortit avec le naturel, qui se combattent sans cesse.

Mr R. etoit, de son naturel, hardi, sensible, jusqu'a pleurer au recit d'un malheur.

Il etoit caustique, et brusque ; méfiant, parce qu'il avoit
30 été souvent trompé ; caustique, mais reparant tout de suitte.

Il aimoit la solitude : « Je reviens toujours content de mes promenades solitaires ; je n'ai manqué a personne et personne ne m'a manqué. On a beau faire dans le monde : on sort presque toujours mecontent de soi ou des autres. »

La mefiance n'etoit qu'exterieure, car, des qu'il s'ouvroit une fois, il etoit libre, confiant ; mais il se repentoit quelque fois de s'etre confié.

Quand le naturel se trouve d'accord avec l'etat que nous remplissons, c'est alors qu'on voit de grands homes, car l'ame prend son vol, suit son inclination naturelle et travaille au bonheur du genre humain ; quand au contraire [le naturel est en désaccord avec l'état], on voit de grands scelerats. Voila pourquoi, sous les grands rois qui ouvrent et debouchent toutes les carieres, chacun se met a sa place ; apres les guerres civiles, dans les beaux jours d'une republique ; par ce que les mouvements mettent les corps qui nagent a leur hauteur specifique.

Suposés Fenelon né ailleurs qu'au pied des autels, faites en un..... Ce qui a contribué a rendre M. R. si celebre, c'est qu'il etoit dans le genre de vie qui lui convenoit : « Si j'avois, me disoit il en copiant de la musique, 100 mille livres de rente, je ne vivrois pas autrement. Il n'y a point d'emploi qui n'ait ses charges. Il faut une occupation : la mienne m'ocupe sans me fatiguer. Je ne desirerois de l'opulance qu'un portier. »

Je peux dire meme que ses maux y ont contribué comme ils entrent dans la composition du bonheur. Il a fait come un passager sur la mer qui, mal a son aise, enuyé de la fatigue et des vivres, vient a examiner la manœuvre, le pilote, la construction... Sur ce que je lui disois que si j'avois eté riche j'aurois eté voluptueux, il me dit : « Et moi aussi. La vertu dépend des circonstances. » Il confirma ce que j'avois deja senti, que le resultat de tous les arrangements de l'auteur de la nature est de necessiter l'home a la vertu, come a l'etat le plus heureux. Il aimoit

son etat, et il me disoit : « J'etois né pour vivre ainsi »
[f. 165].

III

Sur la solitude.

5   Un ecrivain a mis : « Le mechant vit seul. » Mais que
feroit il dans la solitude ? Malheureux qui ne conoit pas
ses douceurs secrettes..! Malheureux qui n'est pas sensible
a cette harmonie divine, a la majesté des forests, a la beauté
et gayeté des prairies, au murmure des arbres, a la paix,
10 au repos ! Certes les passions feroces y sont calmées, la
vengeance, le chagrin, la douleur ; on y voit recourir
les pauvres animaux blessés : la biche, percee d'une fleche,
s'enforce dans les forets. Les passions naturelles y prennent
des forces. Oh ! Come un amant y trouve de charme !
15 Come le sage y specule d'un amour bien plus sublime !
Oh ! Que d'augustes, profondes verités y ont été trouvés !
Que [fais]oient donc dans la solitude ce[ux] que la terre
a veneré, Scipion a Linternum, Numa d'abord amoureux
d'Egerie, Lycurgue qui y disparoit, nos Fenelon,
20 Turenne, Catinat ?

N'est ce pas là ou l'home de genie va puisèr ses medi-
tations sublimes ?

Mais les Catilina repandus dans tous les cercles, les
destructeurs de reputation, les chercheurs d'anecdotte,
25 ceux qui creusent et vive[nt] de cadavres, voyés come ils
sont dans tous les antichambres, a toutes les portes [f. 135].

Il etoit exilé des sociétés qui ne sont pour la plupart
que des académies de medisance ou d'obscenité, et ou il
faut être le flatteur et le complice des mauvaises meurs,
30 des qu'on se resout d'en etre le temoin.

Il avoit donc reduit son sisteme de bonheur a la sante, et a la bone conscience, et a la liberté, qui sont le bonheur des infortunés, et sans lequel les riches n'ont aucune felicité.

5 Toute les fois donc qu'on l'attendoit venir, et qu'on n'attentoit point sur sa liberté, il etoit très gay, très aimable, tres ingenieux, bon, varié, et c'est ce que j'ai éprouvé aprés m'etre brouillé plusieurs fois avec lui [f. 137].

10 *Sur son humeur.*

Il convenoit qu'il en avoit.

Certes *sur la patience,* voyant come l'education nous jette sans cesse en dehors, come, touts petits, « faites vite ceci, allons, paresseux ! », come si le tems devoit nous man- 15 quer, nous precipitons une partie du tems et ne scavons que faire de l'autre ; de la il arrive qu'avec cette impulsion nous venons a etre si chagrins d'autrui.... ; de la de toutes les vertus la plus necessaire, de tous les jours, la plus grande, celle dont on fait le moins de cas, 20 et meprisee presque come un vice, [la patience], par la faute d'abord de notre education, puis par celle d'autrui, nous manque à chaque pas...

Socrate, par un don admirable, prenoit tout en riant ; et, a mon gre, c'est ce que j'ai trouvé de la 25 philosophie de Socrate de plus admirable. Mais voyés come il etoit remparé et fortifié : un oracle fameux l'avoit proclamé le plus sage des homes. Manquoit-il ? C'etoit a qui lui offriroit ; il avoit dans ses disciples des riches, des beaux esprits ; si mortifié d'un cote, consolé de 30 l'autre. Mr Rousseau n'a jamais voulu etre chef de parti.

D'ailleurs Socrate sembloit ne vouloir rien que detruire ;

mais celui-ci vouloit batir. Figurés vous donc un torrent formé de plusieurs torents, des mœurs des opinions qui se corompent ; un home qui dans le lit de ce
torrent, seul veut elever une digue ; le bruit affreux, les
5 arbres entrainés ; un seul, combattant, avec les forces
de la raison, les estimes usurpées, les mauvaises
meurs, la dureté des riches, les superstitions ; il me
semble voir Achille combattant contre le Xante, le
Simois, et toutes les eaux de la Troade [f. 135].

10   IV

. . . .

                      V

. . . .

                      VI

15   Il y a vraiment une fierté convenable, et necessaire a
l'home de bien, sans laquelle il deviendroit le flatteur des
méchans. Et plust a Dieu que le dernier du peuple en
fut pénétré... : regarder tous les homes [comme] égaux,
sans y metre autre difference que celle de la vertu.
20   C'est l'orgueilleux qui veut se metre au dessus des
autres ; l'home libre repousse les chaines.
     Il traitoit d'egal avec tout le monde, non seulement
ceux au dessus de lui, mais au dessous ; sans exception ;
et, dans la dialectique et les pensées ou il avoit tant de
25 supériorité, on pouvoit etre de son avis ou n'en pas etre,
et il revenoit au votre.
     Le serpent dans le tableau du deluge. Je lui dis : « Ce
n'est pas le serpent qui est l'objet principal ; c'est l'en-

fant : ce pere qui le dresse emailloté de sa petite cote
rouge ; il s'aide de ses pieds. La mere qui le prend. Deux
profonds sentiments, penibles et touchans, l'un de l'inocence qui perit avec les crimes de l'univers, l'autre de
5 l'amour maternel et de sa force, ocupé au milieu de la
destruction universelle. » — « Oh ! vous avés bien raison ; c'est l'enfant qui est l'objet principal » [f. 107].

On l'a acusé d'etre orgueilleux, parce qu'il refusoit des
diners de gens de lettres... Il etoit fier, mais traitoit ega-
10 lement avec tous les homes, ne trouvant de difference
que la vertu ; il disoit que la modestie etoit une fausse
vertu ; qu'au fonds on scavoit bien s'estimer ce qu'on
valoit. Il etoit reellement modeste.

Il se plaignoit de son esprit : « Le plus petit argument
15 suffit pour me renverser ; je n'ai d'esprit qu'une demie
heure après les autres. Je sais ce qu'il falloit repondre
quand il en est plus temps. » Et toutefois [il avait] le
jugement exquis [f. 105].

On l'a taxé d'orgueil... parce qu'il repoussoit la main
20 qui vouloit lui mettre un joug, par ce qu'il refusoit les
diners, parce qu'il n'adoptoit pas vos opinions, vos heures
de visitte, vos distinctions si humiliantes de diners
d'artiste, de gens de lettres et de qualité ; parce qu'il
secouoit les chaines. Mais l'orgueilleux est celui qui
25 cherche a subjuguer, sous quelque nom que ce soit. L'a-
t-on vu vouloir faire predominer son opinion ? L'a-t-on
vu calomnier ceux qui etoient d'un autre avis que le
sien ?

Ce sont ceux qui veulent qu'on ploye sous la conside-
30 ration du rang, de la fortune, du credit, de leur bone
table, qui sont des orgueilleux ; il se contentoit de les
repousser. Mais lui, a-t-il jamais forcé qui que ce soit
de ceder a sa reputation, au respect du a son age, a ses

talents, a ses malheurs ? Il reconduisoit qui que ce fut jusque sur son escalier.

Mais on doit des egards a la naissance aux rangs dans les processions et les ceremonies d'apareil... Il n'etoit
5 point obligé de s'y trouver... Mais il respectoit le centre de l'autorité : dans le tems que j'ai vu des homes, conblés des bienfaits du roi, le déchirer, lui vantoit son jugement, sa bonté naturelle. Qui a ete plus soumis aux lois ? A-t-il fait des assemblées, parlé contre la religion,
10 l'etat ? Il s'etoit fait des lois bien plus severes : celles de la conscience [f. 102].

Caractère de R. et le Caract. national.

Si donc on supose le caractere sensible, franc, genereux d'un enfant bien elevé, jetté, sans fortune, sans
15 patron, traité cruellement par des moines, son ame a du s'indigner contre les vices de son siecle ; il a du se trouver dans l'alternative de devenir ou un scelerat ou un grand home, car c'est la societé qui fait les mechants come les mauvais traitemens rendent les chiens enragés.
20 On peut dire que c'est la nature seule qui, en lui faisant voir un autre ordre de choses et le ramenant a son auteur, a été le seul contrepoids...

Voila donc comme son siecle a influé sur son caractere. Nous verons come il a influé sur le sien par ses ouvrages ;
25 de telle maniere que son siecle ne l'a point rendu pire, et lui l'a rendu meilleur, et que par ses retours la providence l'a mis par ses malheurs meme dans la position la plus convenable a son genie, en lui donnant la liberté, et de se livrer a son talent, en augmentant son courage
30 de la haine même et des persecutions de ses adversaires. Ainsi le feu s'eteint par le vent et les pluyes ; mais celui

que la nature alluma sur les bords des eaux purifie les
mers : en vain les vents les fiots lavent battent son
pied ; les orages, les pluyes, les flots ne font qu'ajouter
a son activité : il embrase, liquefie les pierres, decom-
5 pose les imondices de l'ocean, purifiant les mers, l'air,
et trouve de nouvelles patures dans ce qui devroit
l'eteindre.

La terre tremble, les cités imprudentes chancellent sur
leur fondement ; l'home croit que le tems de la dissolu-
10 tion arrive, mais il reprend la fecondité par sa chaleur,
et sa flame qui s'eleve jusqu'aux cieux purifie les airs
[f. 167].

V

PLAN DU CARACTÈRE NATUREL

I gay. II humain. III compatissant. IV sensible. V franc. VI amical
et confiant. VII religieux. VIII simple [1].

5   I

. . . .

                                    II

Son cœur.

Jamais il ne disoit du mal de ses enemis ; son inimitié
10 etoit moins a craindre que l'amitié des autres..... Jamais il
ne medisoit, pas meme de Volt. [f. 106].

Si un domestique alloit chés lui, lui se levoit [f. 105].

Il aimoit a voir une grande foule de peuple rassemblé,
non pas seulement parce qu'il cherchoit la solitude dans
15 la foule, mais parce que ce concours de tout age, de sexe,
d'etats, lui inspiroit quelque chose de populaire. Il m'a
donné rendés vous sur le trotoir entre l'arc de triomphe
et la porte st Martin ; il alloit volontiers au chateau de la
Muette les jours de fete [f. 109].

20   Mr. J. J. me disoit un jour : « Je me trouvois a une fete
de paroisse avec des gens de Paris. On fut, apres diner, se
promener dans le village, ou il y avoit une foire. La compagnie s'amusoit a jetter des sous marqués a des polis-

1. F. 113.

sons qui se battoient pour les avoir. Moi, suivant ma coutume, je m'isolai, et m'en fus tout seul. Je vis une petite fille qui crioit a tue tete pour vendre des pomes. — « Combien voules vous me vendre tout votre inven-
5 taire ? » — Elle conta un moment : « 6 sous, Mr. » — « Je les achete, a condition que vous les distribuerez vous meme a ces petits savoyards que voila la bas. » Je rendis bien des gens contents avec mes huit sous. D'abord la petite fille, fort aise d'avoir vendu tout son inventaire,
10 et de distribuer ; les savoyards, d'etre regalés : l'idée d'aumone otée du bienfait [1].

Sur son cœur.

Il ne rencontroit point un pauvre qu'il ne lui dona l'aumone. Il aidoit une vieille tente de 80 années :
15 « Elle m'a elevé orphelin. » Elle disoit : « Nos ministres disent qu'il n'a point de religion. »

Je lui citai un jour la fable du rosignol..... il se mit a pleurer : « Quelle serie d'idées ! »

Il pleuroit, lorsqu'il racontoit ou entendoit raconter
20 quelques traits de sensibilité.

Il etoit modeste : « Pourquoi n'avés vous pas fondé une colonie ? » — « Je me suis rendu justice ; je n'etois propre a aucun emploi. »

Il n'etoit point medisant ; ses traits sur Mr de V. : « Il
25 ne m'a jamais trompé, dit il, en me faisant croire qu'il m'aimoit : son 1er mouvement est d'etre bon, la reflexion le rend mechant. »

Il vouloit ecrire la vie de Medicis, come d'un grand

---

1 des savoyards qui

1. Ms. XCVII, f. 143 ; au bas, Aimé Martin a écrit : *bon pour les mélanges.*

citoyen; celle du g^{al} prussien, le M^{al} Kheit, frere de Milord M^{al}, gouverneur de Neufchatel, un des homes qu'il a le plus estimés et aimés. Elle est faite en deux mots : probus vixit, fortis obiit.

5   Point de haine. Ses malheurs et sa sensibilité lui donnoient pour la solitude un gout qu'il sacrifioit rarement a persone : « Quand je reviens de mes promenades solitaires, je suis content : persone ne m'a offensé, ni moi persone. Car quelque soin qu'on prenne il est bien diffi-
10 cile d'etre content de soi ou des autres. »

Il avoit des nuages, mais, après une brusquerie, s'il vous rencontroit, il venoit a vous : « Il faut prendre l'amitié avec ses charges ; j'ai mes defauts. » — « Mais que ne le dites vous, quand vous voulés etre seul ? » — « L'humeur
15 me domine : je ne suis plus le meme. »

Il entroit dans les questions sur votre santé, vos affaires [f. 114].

III

Sa fortune.

20   Il avoit fait un receuil de graines qu'il a donés a Mr Boin, jardinier du Jardin du Roi, qu'il estimoit beau-coup; il me dit : « Si j'avois cru que cela vous fit plaisir, je vous les aurais donés. »

Il avoit fait des herbiers q[u'i]l a donés ausi. — « Pour-
25 quoi n'en avoir pas tiré des ressources ? » — « C'etoit d'abord mon intention; mais je mets tant de tems a les aranger que je les aurois fait payer plus qu'ils ne vallent si j'...avois fait payer le tems que j'ai mis a les aranger » [f. 108].

30   IV

C'etoit dans Mr R. la base fondamentale de son caractere naturel : il preferoit un trait de sensibilité a toutes les epigrammes de Martial, ...un peu de miel a tout le fiel dont nos societés s'abreuvent aujourd'hui [f. 148].

Très sensible, quand on lui racontoit... quelque evene-
5 ment malheureux, il pleuroit ; et, quand je le voyois sombre, a coup sur je disois : « Il est dans le caractere social, ramenons le au naturel. » Je lui parlois de ses 1res lectures. Un jour, a la Muette, il etoit tard ; etourdi-ment je lui propose un chemin plus court a travers
10 champ ; distrait autant que lui, nous etions quelque fois egarés. Le chemin nous ramene dans Passi ; le long de ces longs quais, des bourgeois sur leur porte, prenant le frais : la nuit aprochoit. Je le vis changer de phisiono-mie. — « Voila les Thuilleries. » — « Oui, mais nous
15 n'y somes pas. Oh ! que ma feme va etre inquiette », repeta-t-il plusieurs fois. Il hausse le pas, fronce le sour-cil. Je lui parlois : il ne me repondoit point. Je lui dis : « Encore vaut-il mieux etre ici qu'Antoine dans les soli-tudes de l'Armenie. » Il s'arete : « J'aimerois mieux etre
20 au milieu des fleches des Parthes que des regards des homes. »

« Antoine s'en tira et nous aussi. Qu'Antoine est intéressant dans le malheur ! » — « Oh ! oui ! » Alors la conversation sur Plutarque ; il revint a lui.
25 Mais quand on le ramenoit directement a la nature, a coup sûr le changement [etoit] plus prompt...

Il ramenoit tout au peuple [f. 106].

Il parloit avec affection de M^ord M^al 1, des bords du lac ou il avait fait un voyage, des isles St Pierre, de son
30 pere, de ses cotteries ou on l'apelloit David [f. 114].

1. Mylord Maréchal.

Ses mœurs.

Il n'avoit jamais senti aucun desir pour une fille du monde, quelque belle qu'elle eut été ; ce qui m'étonne, vu son caractere ardent et aimant [f. 169].

5 *Traits de Mr Rousseau* [1].

Un jour il me disoit d'un ton faché : « On m'a perdu une plante dans la plaine des Sablons. » — « Ce sont les revues. » — « Oh ! non ! dit il, ce sont les courses », comme si les choses de luxe lui eussent été fatale.

10 Il me disoit : « Oh ! que l'inocence ajoute de pouvoir a l'amour ! j'ai aimé deux fois passionement ; l'une, une personne a laquelle je n'avois jamais parlé. Un seul signe a été la source de mille lettres passionées, des plus douces illusions. J'entrois dans un apartement ou elle 15 etoit : je l'aperçois, le dos tourné ; a sa vue, la joye, le desir, l'amour se peignoient dans mon visage, dans mes traits, dans mes gestes ; je ne m'apercevois pas qu'elle me voyoit dans la glace. Elle se tourne, offensée de mes transport, et du doigt me montre la terre : j'allois tom-20 ber à [ses] genoux lorsqu'on entra. Ce simple mouve-ment fut cause de lettres tres douces. » — « Elle etoit mariée sans doute ? » — « Oui. » — « Oh ! je conçois combien doux ce melange d'amour et de vertu. »

« Un autre fois, en Suisse, voyageant seul a pied dans 25 une solitude, j'entends de loin des eclats de rire de 2 jeunes demoiselles. Elles etoient à cheval, et alloient diner a un chateau a une lieue de la. Un ruisseau se pre-

20 Ce geste fut

1. Mss. XVIII, f. 20.

sente : les chevaux refusent de passer. J'en prends un par
la bride, et, entrant dans l'eau jusqu'aux genoux, je la
fais passer. Avec mon imbecillité ordinaire je prends
congé. Une me dit : « Oh ! non, monsieur, vous vous
5 etes mouillé pour nous ; vous viendrés avec nous. »
Arrivés, point de vin. Elles temoignerent tant d'inquietudes, de peines ; enfin on mangea du lait. Je montai
dans un cerisier, et là, leur jettois des cerises qui tom-
boient parfois dans le sein. A celle-ci donc, sa compagne
10 s'etant absentee, je ne pus rien dire que lui baiser la
main ; de ma vie je n'ai passé jour si delicieux ; et le
souvenir, longtemps resté, se renouvele(?) ¹.

V

Sur l'hypocrisie.

Qui auroit il voulu tromper ? Ou vouloit-il aller par
15 ses talens ? C'etoit bon du tems ou la litterature, l'eloquence, menoit depuis les places de conseiller au Chate-
let jusqu'a celle de chancelier comme le fut l'Hopital, et
depuis   jusqu'a aumonier de France come Amiot,
et jusqu'a la papauté ; mais un protestant ?... [f. 106].
20   Il preferoit de beaucoup les caracteres emportés aux
indifferents : « J'ai connu un home si sujet a la colere,
quand il jouoit, qu'il mangeoit les echecs. Le maitre du
caffé en fit faire de gros come le point. Il etoit d'une joye,
il les mordoit a belles dents ; c'etoit le meilleur home du
25 monde, capable de se jetter au feu pour rendre service. »
   Il m'en citoit un autre : « [Me] promenant avec lui,
j'avois cueilli une graine d'une espece de saule, agreable
au gout ; je la tenai a la main, et j'en mangeai. Nous ren-

---

1. Cette page a été biffée par Bernardin lui-même, probablement
parce qu'il en avait utilisé une partie dans les *Études.* Elle est, de par
l'écriture, de la même époque que les premiers folios du mss. XCVIII.

controns un 3ᵉ, qui me dit : — Que mangés-vous la ?
C'est du poison. — Coment ! du poison ? — Et oui, dit-
il a l'autre, vous le sçavés bien. — Et pourquoi ne m'em-
pechiez vous pas ? — J'ai vu que cela vous faisoit plai-
5 sir... » [f. 107].

Son courage.

Cœur ou caractère.

Après Pen, qui s'est établi sans armes au milieu des
sauvages cruels, je n'en trouve point de plus courageux.
10 C'est une chose digne d'etonnement que, ne voulant etre
le chef d'un parti, pas meme le centre d'une societé,
pauvre, étranger, sans naissance, subsistant d'un travail
journalier, il ait osé attaquer seul, a decouvert, et a la
fois, ce que les homes craignent, estiment, aiment, ou
15 reverent : les rois, les pretres, les grands, les comediens,
les filles de théâtre, des nations entieres, la musique, les
educations, les academies, les universités; de telle maniere
qu'il s'est fait une multitude de partisans au fond de leur
cœur, parce qu'il prend toujours les interets de l'home
20 contre le citoyen.

Caton protegeoit les mœurs du haut du Capitole, couvert de la pourpre senatoriale ; quand Moliere attaqua les
vices, guere que les ridicules de son siecle, il faisoit rire
Louis 14. Il n'osa jamais attaquer les vices des corps ni du
25 gouvernement ; Boileau ne combattit que de malheureux
gramairiens, dans une cariere bien frivole.

Nos philosophes, nos prédicateurs, les moralistes, nos
poetes satiriques qui combattent sans cesse [les] vices du
genre humain, [sont] comme des chasseurs vis a vis un
30 taureau en fureur qui soufloit le feu par les narines : les

uns tirent de loin, d'autres dressent des filets ; lui seul a osé le saisir par les cornes.

Mais ce que fort peu ont fait, c'est qu'il ne s'est pas efforcé de detruire pour detruire ; on voit qu'il n'a hai
5 que le vice. Il me disoit qu'Helvetius n'avoit ecrit que par haine des pretres. Il offre dans Heloise une route au repentir ; il detruit dans Emile les educations vitieuses ; s'il blame la tiranie, il fait le Contrat Social : s'il attaque la superstition, il adore [?] l'Evangile ; il attaque notre
10 musique et done un modele enchanteur dans le Devin du Village ; s'il detruit, il repare ; s'il abat, il eleve. S'il combat les vains spectacles, c'est pour raprocher les homes et supleer la realite a la fiction. Ici, reflexion sur le gout fou qui inspire les arts : homes qui n'admirent
15 la nature qu'en tableaux...

Il a fait encore plus : il a conforme sa vie a ses ecrits ; marié, sobre, il n'alloit point voir les grands dont il avoit dit du mal. Il n'avoit point une mesure pour les autres et une pour lui ; jamais il ne dit de mal d'aucun particu-
20 lier ; il m'a parlé avec respect de Louis 15 : « Son jugement toujours le meilleur dans les conseils. » Il etoit plein de l'amour de la verité ; il la mettoit dans ses moindres actions ; vitam impendere vero. Il etoit très difficile a promettre et s'engager dans les plus petites choses
25 [f. 103].

On pouvoit etre de son avis, ou n'en pas etre, ce qui m'est arivé souvent, et en chose chatouilleuse pour un autheur, sur ses ouvrages.

Il se reprochoit plusieurs choses : « Si je retouchois,
30 [je suprimerais] des choses que j'ai mises contre les medecins, de tous les scavans ceux qui scavent le plus [f. 118].

J.-J. Rousseau.   7

Son humeur ou caractere.

Il faudra excuser a plusieurs titres son humeur sur ses
malheurs, sa sensibilité, sur ce que l'étude l'aigrit, et la
solitude.

———————

5   Il avoit reduit sa philosophie aux trois choses qui
rendent l'home heureux : sante, liberte, bonne conscience ; come les 2 [autres] dependent en partie de la
liberté, il lui sacrifioit tout ; il etoit en garde contre
l'amitié meme, et c'est a ce sistème qu'il faut atribuer les
10 inegalites [de son humeur], surtout dans un siecle ou
l'on recherche plus les hommes pour leur celebrité que
pour eux. J'attribue son amitié [pour moi] en ce qu'il
scavoit bien que [ce] n'etoit [pas] l'auteur celebre, mais
lui [meme] que je recherchois, et que ni richesse ni
15 renomée ni eclat ne me feroient faire un pas pour voir un
home si je ne l'estimois.

Je lui demandois quel home il auroit mieux aimé avoir
été : « Lycurgue [pour] sa fermeté, patience, justice,
bonté », — puis : « Il faut etre soi ! »

20   C'est une grande consideration [que de] chercher la
cause de tant de caracteres faux, manqués, ridicules, et la
cause pour laquelle il y a si peu d'homes vraiment esti-
mables, aimables ou a talens ; mais l'education, le monde
nous fait passer par les memes filieres.

25   N'aimer un home que pour sa reputation, c'est a peu
pres l'aimer pour son habit.

Au reste d'avoir son caractere a soi ne le rendoit pas
intolerant a beaucoup pres. [Ce qui rend intolerant] c'est
de vouloir avoir le caractere d'autrui ; car, quand on a
30 pris l'uniforme d'un corps ou d'une philosophie, nous
voulons tout y soumettre. Jamais home isolé n'a eté into-

lerant. Souvent j'ai eté d'opinions contraires aux siennes, et il revenoit a la miene.

...« [Ainsi], lui disois-je un jour sur le tableau du deluge de Poussin, vous fixés l'attention sur le serpent ; en 5 effet, il se roidit contre les eaux qui gagnent et montent; mais dans ce tableau [il y a] un caractere bien plus fort: l'enfant, que le pere donne a la feme sur un rocher, qui s'aide de ses petites jambes. L'ame est saisie [de voir] au milieu des crimes de la terre, des eaux debordees, des 10 foudres lointains, de ce jour tenebreux qui punit les crimes de la terre, le spectacle de l'inocence soumise a la meme loi ; et lorsque tous, inquiets, [sont] ocupés de leur conservation, l'amour paternel [est] plus puissant que le soin de sa conservation. » Il me dit : « Oh ! oui, c'est l'enfant, 15 il n'y a pas de doutte, qui est l'objet principal » [f. 118].

Pour moi sa franchise a renoncer a un sentiment imprimé, quand il en voyoit un meilleur, etoit une chose aussi rare que le tableau meme du Poussin.

Il revenoit souvent sur ses opinions, sur les medecins, 20 il me dit : « Je suis faché, car, de tous les scavans, il n'y en a point de plus vraiment scavans : botanique, anatomie, histoire naturelle sans fin, etc. »

Sur sa dispute avec M. Hume, expliquée : « J'avoue que mon humeur aigrie par le climat, ma situation. » 25 Ainsi ce grand home occupé à se reformer lui meme et a se condamner.

Il se plaignoit d'etre un peu paresseux. « Allés ! c'est le defaut des honetes gens ; les fripons sont toujours allertes... »

30 Sur la mousse qu'on fait croitre sur les roches, il me disoit : « Je le croyois : je me suis trompé » [f. 165].

VI

Sur ses amis.

Il voyoit plusieurs persones, et, chés lui, j'y ai toujours
vu du monde...

5   Il ne m'a jamais parlé de ses autres amis, et, je ne crois
pas, a eux de moi ; ce qui me fournit une reflexion bien
vraie, bien affreuse : je crois que c'etoit par respect pour
eux et pour les conserver sain dans son esprit ; car je
n'ai presque pas conu un home que je n'ai scu par ses
10   bons amis [ses] anecdotes scandaleuses ; en sorte que
l'inimitié de Mʳ R. valoit mieux que l'amitié des autres.

Pour moi, fort en garde contre l'opinion : elle influe
tellement que je veux ignorer les possesseurs des terres,
car leur beauté se perd si j'en entens nomer le proprie-
15   taire. Ce sera ou un avare, ou un avide financier, ou une
feme debordée ; come la vertu ajoute a une : le nom de
Catinat en fait paroitre le parc [plus] beau.... La vallée de
Montmorency depuis que Rousseau l'a habitée. Mais, a
ce defaut, j'aime a ignorer les homes.

20   Pour lui, plus scavant, les plantes l'attachoient a chaque
pas [f. 109].

Un des traits de son caractere etoit une exactitude
scrupuleuse venant de ce sentiment d'équité auquel il
raportoit sa vie. Si scrupuleux a tenir sa parole. Il me
25   raconta le rendés vous donné au bassin des Thuilleries:
arivent de trois quartiers diférents, a l'heure sonante. Ils

8 pour eux pour pouvoir continuer à les estimer; car — 13 ignorer
le nom du possesseur de la terre où je me promène car — 16 débordée ;
au contraire la vertu du propriétaire ajoute à la beauté de la propriété :
le nom

mettoient un des au pied d'un arbre ; le premier le metoit sur un ; le 2 trouvoit le point. [etc.] Je lui dis : « Cartouche en faisoit autant » ; et je dis une bas[se], sotte, et lourde comparaison » [f. 107].

5   Il ne vouloit pas que je paye pour lui, se fachant, voulant payer exactement la moitié... [f. 105].

VII

Sur les athées et les lois du mouvement.

Pour detruire les athées, s'il y en a, il ne faut pas leur 10 montrer la nature qu'ils refusent de voir, mais les attaquer dans leurs propres raisonnements.

Non seulement les athées sont des aveugles, mais ils sont inconsequents dans les principes vagues qu'ils posent ; car, si l'organisation des corps depend des loix du mou- 15 vement, quoi que nous ignorions si la matiere a pour proprieté et tendance le repos ou le mouvement, [encore] est-il vrai que c'est l'un ou l'autre. Si c'est le repos, pourquoi, depuis l'éternité qu'elle travaille, tout n'est il pas dans une stagnation parfaite, si elle n'obeit qu'a un mou- 20 vement fortuit ? Si, [au] contraire, elle tend a un mouvement perpetuel, pourquoi les memes effets sont-ils repetés ? Pourquoi [n'y a-t-il] pas chaque année des combinaisons nouvelles ? Pourquoi ce retour d'ordre ?

Je n'ai connu personne plus convaincu de l'existence 25 d'un Etre Supreme. Il me disoit : « Il n'est pas necessaire d'etudier la nature pour s'en convaincre ; il y a un si bel ordre dans l'ordre phisique, et tant de desordre dans l'ordre moral, qu'il faut de toute necesité qu'il y en ait un autre » [f. 146].

Pieté.

C'est une chose très digne de remarque que le mari qu'il done a Heloise — Julie, après sa faute, est un athee, come si un home sans Dieu etoit incapable d'aimer ; en effet, ce seroit le plus inconsequent des homes... Non seulement la raison, mais tous les enthousiasmes, elevent a la divinité ; et une chose aussi remarquable, [c']est [que], des qu'il est touché, emu, que sa perte a allume son amour, il cesse d'etre athée [f. 146].

Son cœur.

Sa pieté. Sur Dieu.

Il me disoit : « Les athées s'enuyent beaucoup a la campagne. Ils aiment bien celle des environs de Paris, ou il y a de bones tables, des brochures. — Il n'y a point d'homes qui s'enuyent plus qu'eux à la campagne. »

Je lui disois que la science ne me plaisoit que dans les choses naturelles ; que, plus on y avançoit, plus on admiroit, come un home qui monte une montagne voit a chaque pas l'horison s'étendre...

Je lui dis [qu'il n'y avait] qu'une seule loi : — que la nature n'avoit rien fait en vain. — Il fut si frapé qu'il me dit « Oh ! vous avés raison. N'en parlés pas à d'autres, car votre idée vous seroit prise. » — « Je scais bien a qui je la dis. »

Il croyoit fermement que la divinité avoit des loix inconues aux homes. Nous parlions un jour de pressen-

8 que la mort de sa femme allume

timents, de songes frapants, et je lui en citois quelques uns. Il me dit : « Dans l'age de l'inocence et de la pureté, un jour que j'etois seul a la campagne, assis, je me laissai aller de distraction en distraction a mes idées,
5 de sorte que je n'aperçus plus le paisage qui m'environoit, mais je vis un chateau, des avenues, des barieres, une societe de persones que je n'avois jamais vues, toutes si caractérisées, si agissantes, que, frapé du plus grand étonement, je revins à moi saisi, et si frapé de ce tableau
10 qu'il me resta dans toutes ces circonstances profondement gravé dans la memoire.

Bien des années après, je me trouvai dans un chateau ou les memes barieres, personages, memes figures, action ; si parfaitement semblables que je jettai un grand
15 cri d'etonement ¹. »

Son cœur. Affection et repugnance.

Il aimoit la musique ; son petit epinette, ensuitte un forte piano : « La musique m'est aussi necessaire que le pain. » Mais peu a peu... il sembloit s'exercer a quitter
20 toutes les choses de la vie ; il se defit de son forte piano, de son herbier ; il perdit sa loupe, sa cane... » [f. 145].

---

1. F. 145. — On trouve un développement plus complet de cette anecdote dans le « mémoire de ma vie » inédit, dans cette curieuse biographie que j'ai intitulée « Bernardin raconté par un témoin de sa vie », comme le prouve cette indication marginale au dossier CXLVI, f. 128 : *notes et souvenirs de ma femme.* — B. de Saint Pierre rapporte une histoire que lui avait racontée un officier de marine, M. de Chapuis, sur le don de divination que possédait un brahme ; puis il conclut ainsi : « Voila, autant qu'il peut m'en souvenir ce que me dit M. de Chapuis. Depuis, j'ai pensé qu'un homme qui mène une vie aussi pure qu'un brahme retiré dans la solitude, ne vivant que de fruits. ne buvant que de l'eau, vivant loin des passions des hommes, faisant du bien, cet homme peut être en relations avec des ordres surnaturels de la nature. D'ailleurs j'en ai eu par moi même différentes preuves, et je puis citer

Son cœur. Justice et bonté.

Il estimoit la justice la plus belle qualité..., la plus
sublime qu'on puisse doner a l'home ; aussi etoit il si
exact, si precis, pour les rendés-vous, pour les dépenses
5 comunes, pour partager l'air, le soleil, le chemin.

— Quand a la bonté, j'en atteste ceux qui ont cherché a
l'etre : combien [il est] difficile de se faire aimer, combien d'ecarts meme ne peut elle produire ; ce titre

ce que me rapporta un jour J. J., comme nous étions au bois de Boulogne. Nous nous entretenions des lois surnaturelles, de pressentiments ;
il me dit : « Voici ce qui m'est arrivé vers l'âge de 14 ans, dans cet âge
d'innocence ; après m'être bien fatigué à courir, je m'amusois seul à
jeter des pierres aux environs de Genève : je m'assis pour me reposer.
Insensiblement je laissai aller mon esprit à la distraction, en sorte que,
du paysage que je voyois devant moi, il me sembloit que je voyois une
autre campagne.
« J'apercevois un chateau avec des barrières, des grilles : je me trouve
tout à coup dans l'appartement, au milieu d'une société d'hommes et de
femmes, si bien diversifiée et caractérisée de costumes, d'habits, de phy-
sionomie, que, saisi d'étonnement, je revins à moi, mais l'esprit si rempli de ce que je venois de voir, qu'aucun des personnages ne s'etoit
effacé de ma mémoire. Enfin, au bout d'un bon nombre d'années, j'arrivai à un chateau dont les avenues étoient tout à fait semblables à celles
que j'avois vues ; et je trouvai rassemblée dans un salon toute la société,
formée d'hommes et de femmes si exactement semblables à mes anciens
personnages, que, dans le saisissement où j'etois, je ne pus m'empêcher
de jeter un cri. Je n'osai en donner l'explication parce qu'on ne m'auroit
pu croire, mais je renfermai la chose en moi-même. »
Je n'ai [pas] osé en parler pour ne pas compromettre Rousseau, qu'on
vouloit faire passer pour visionnaire. Pour moi, je crois qu'une vie très
pure peut mener à ces relations, et nous metre en consonance avec des
êtres d'un ordre superieur à nous. Une société de Mesmérisme a voulu
établir ces mêmes correspondances, qui méritent d'être suivies : plusieurs personnes m'ont voulu en faire voir des preuves, mais je m'y suis
refusé, car si je crois d'une part que Dieu est bien puissant, je crois de
l'autre que les hommes sont bien trompeurs. » (Ms. CXLVI, f. 130-131).
— B. de Saint Pierre, probablement après une conversation avec Jean-
Jacques, avait pris d'abord une simple note succincte : « Trait de Jean
Jacque qui voit à 14 ans des avenues, des barrieres, un chateau, une
societe ; le souvenir de cette vision, son effet si frappant, qu'il en garde
le souvenir pendant 12 ans après ; cette vision se verifie dans ses plus
petittes circonstances. » (CVII, f. 34.)

« bon », qualification si sublime dans Dieu, et dont les homes ont abusé pour designer leur faiblesse !

Il l'etoit sans doutte, car, de ceux qui l'avoient decrié par des calomnies, persecuté, jamais je ne lui entendis
5 dire de mal.

Il me citoit ce vers : non ignara mali miseris succurrere disco. Toute son education tend a rendre l'home bon ; qui interesse dans le vicaire savoyard ? c'est sa bonté, ses soins penibles, charitables, dans la montagne.
10 Il ne se contentoit pas de la mettre dans ses ouvrages ni dans sa conversation... ; il la mettoit en action : chaque pauvre rencontré [recevait de lui] l'aumone.

Il avoit de Dieu l'idee la plus sublime ; un jour, nous etions assis sur le bord d'un pré de luserne dont j'exami-
15 nois les fleurs ; pres de là un vaste champ tout violet de bluets, coquelicots, vesicaires. « L'occupation, lui disois-je, des ames heureuses, est de former, façonner, peindre en ete les fleurs... » — « Autant vaudroit, me dit il, passer son temps dans une fabrique. » — « Mais ne
20 faut il pas des ministres a Dieu ? » — « Nous le traitons come les rois qui ne se peuvent passer de *ministres*, come si un acte de sa volonté n'etoit pas un acte de sa puissance ! » Le sublime de cette pensée m'ebIouit. « Cependant, lui dis je, il a mis des intermediaires depuis l'home
25 jusqu'aux animaux : tout ne vient pas a la fois ; il a mis une proportion dans le tems, dans l'accroissement ; il peut en avoir mis dans les agens. » Nous en restames la, car ces questions [sont] trop hautes a la raison [f. 146].

Sur la divinité.

30 *Après le trait de « un acte de sa volonté est un acte de sa puissance ».*

Après une reflexion, « Mais une bariere insurmontable

est mise entre l'home et la divinité. Coment concevoir sa nature lorsqu'on ignore la sienne ? Si nous pouvons communiquer ce n'est point par nos speculations, mais par le sentiment. Elle aneantit l'esprit et eleve le cœur. »

5 Je lui disois qu'il y avoit des erreurs de l'esprit universelles, — le soleil se leve ou la terre tourne, — mais qu'il n'y en avoit point de sentiment, — qu'il existe un Dieu. — Il y a plus, c'est que toutes les verites de l'esprit aboutissent a une [verité] de sentiment ; l'evidence
10 en tout genre n'est qu'une verité de sentiment [f. 123].

Ce qu'il aimoit.

Il aimoit la simplicité des meurs patriarchales. Nous parlions quelquefois de Noemi, ...combien la simplicite ajoute au sentiment : cette belle fille de Noemi, qui ne
15 veut pas la quitter, et qui lui dit : « Votre peuple sera mon peuple et votre Dieu sera mon Dieu », cette amitié tendre, cette feme qui se determine sur la religion par l'amitié [f. 146].

Son ame [1].

20 Il me [pro]posa de venir, le lundi des fetes de Paques, au Mont Valerien : « J'aime les pays de montagne a cause de ressouvenirs ; je ne voudrois pas habiter la hauteur par ce que les belles vues degoutent des promenades, mais a mi-cote. Je vous ferai voir la coquelourde
25 en fleur qui est jolie. »

Nous nous donames rendés vous... au caffé des Champs

---

1. Ce morceau, très modifié, a été placé par Aimé Martin à la fin de son *Essai sur Jean-Jacques Rousseau*, conformément à une indication qu'il avait écrite au haut du manuscrit : « Tâcher de terminer par là le morceau sur le caractère. » (f. 155).

Elisées, le matin : nous primes du chocolat. Les vents etoient a l'ouest ; il s'etoit muni d'un parapluie, « car, disoit il, toutes les fois que c'est moi qui forme un projet, je trouve des obstacles... ; au mois de Janvier,
5 dans un tems ou on ne voit point de mouche, allant prōmener, un moucheron vint se noyer dans mon œil et me fit soufrir six semaines des douleurs effroyables. »

⌣ L'air étoit frais. Le soleil paroissoit ; les nuages grands, blancs, divisés, couroient au ciel. Entrés dans le bois de
10 Boulogne, à 8 [heures], il se mit a herboriser : « Voila l'anemone des bois... ; sa racine s'etend come un reseau par tout le bois ; voila la   , qui ne fleurit qu'a present, et qui disparoit le reste de l'année ; le gramen carex, qui porte sur la meme tige un epi de fleurs males
15 et un de fleurs femelles. » Nous nous mimes en routte, et nous traversames les avenues du bois, couvertes de feuilles nouvelles, en partie ; nous trouvames dans ces solitudes, deux jeunes filles dont l'une racomodoit leurs cheveux : « Ma feme me dit que dans son pais les ber-
20 geres se racomodent ainsi, et font leur toilette en plein champ. C'est un tableau doux que des bergeres ainsi dans une solitude. »

Nous vinmes sur le bord [de la Seine], passames le bac, [ainsi que] beaucoup de gens que la devotion menoit au
25 Mont Valerien ; nous montames par une pente tres roide ; ensuitte, arrivés, il me dit : « J'ai faim ; nous herboriserons après midi. Ou trouver a diner ? Chargés vous de cela. » — « J'ai oui dire que pour son argent... il y a sur cette hauteur une eglise, une communauté de pretres, et
30 les hermites. » Ayant frapé, un des 1ers nous dit qu'on ne pouvoit nous recevoir a cause des comis aux aides qui les vouloient mettre sur la liste des cabaretiers : « Ne leur donés vous pas a diner ? Traittés nous come vos

amis. » Il nous conseilla de nous adresser aux religieux ; le tems se brouilloit. Arivés, conduits à la chapelle : litanie de la providence : — Providence qui avés soin des empires, des voyageurs... — Il me dit : « J'eprouve ce que dit l'Evangile : quand plusieurs seront assemblés a mon nom.... Il y a un air de paix repandu : ces litanies de la providence sont belles. » — « Oui, pourvu qu'après avoir preché la providence, ils [ne] nous refusent pas l'hospital[ité] ». Nous fumes introduits au refect[oire]. Assis. Lecture. R. tres attentif. Lecture : injustice des plaintes de l'home ; Dieu l'a tiré du néant ; il ne lui doit que le neant... — Nous etions sortis. Je lui dis : « Mr R., si Fenelon eut vecu, vous seriés catholique. » Il me repondit, emu aux larmes : « S'il avoit vecu, j'aurois cherché a etre son laquais, pour meriter d'etre son valet de champ ! ah ! qu'il est heureux de croire ! »

[Nous] nous promenions dans le cloître et le jardin ; vue immense ; grand rideau de nuages et pluies ; Paris elevant ses tours ; des coups de lumiere au loin... ; des nuages plombés, se succédant de l'ouest, remplissoient les vallons ; ce beau fleuve, le chateau venerable de Madrid, du pere des lettres, ce bois demi roux, et verd ; des vignes poussant leurs pampres ; vaste Paris ; nuages qui s'elevent au loin ; la vue se confondant dans les nuages. « Nous reviendrons cet ete », me dit-il [1].

22 des lettres, Bagatelle ; ce bois

---

1. Pour donner une idée de la valeur des modifications d'Aimé Martin, comparons le texte imprimé par lui : « Rousseau me dit : je reviendrai cet été méditer ici » (p. 452, col. 1). Martin ne s'aperçoit pas qu'il transforme le mot de Rousseau en une boutade peu aimable.

Je lui parle dans le cloitre, tapissé d'inscriptions con-
solantes : « Cette paix, lui dis-je, n'est qu'une paix trom-
peuse, et apparente ; les mêmes passions y suivent les
homes. J'ai eté a la Trape, ou je crus que c'etoit la mai-
5 son de Dieu ; j'y arrivai dans le careme ; mais [on y est]
fort attentif a ceux qui viennent en carosse, a cheval, ou
a pied ; si un prince [y arrive], personne n'y loge. Certe,
c'est bien menager les homes, apres avoir renoncé au
monde ; c'est bien des attentions pour les etats. »

10   Il me dit : « C'est la meme chose a la Grande Char-
treuse ; le chef est come un souverain : mille paysans en
etat de porter les armes. »

« Il leur est deffendu de s'aimer : ils sont obligés de
s'accuser. Trait raconté a la Trape d'un jeune [homme] :
15 « Je viens aprendre a mourir. » Sa tabatiere ou [était] un
portrait de feme ; sa mort au bout de neuf mois : dom
Hugues [me disait] : « C'etoit à moi a mourir. » Tout
rouge de feu ; il avoit été officier [1].

Voyage au pré St Gervais ; charmante description ; lui,
20 fort mélancolique... — Notés que tout ce morceau doit
être en conversation, de maniere que toutes les affections
de son cœur... [f. 116].

Un rossignol chantoit sur un arbre : « Il est bien fami-
lier ; il vient au devant de vous : vous etes du metier »
25 [f. 166].

VIII

A Romainville [2].

Je lui donnai rendés vous à l'allée de Breteuil ; je lui

---

1. F. 155. On comprendra tous ces détails en lisant le récit de sa
visite à la Trappe dans mon *Bernardin de Saint Pierre d'après ses manuscrits*, p. 173 et suiv.
2. On trouve des notes prises pour ce fragment au dossier XCVIII,
f. 125, et au dossier XXXVIII, f. 25.

dis : « Vous m'avés mene a un paisage ; je veux [vous en] montrer un de mon goût... »

...Nous cotoyames (?) le chemin de sable, laissant a droite le parc de St Fargeau ; nous suivions un chemin 5 de tere, et des sentiers qui vont vers l'orient, gardant toujours la hauteur. Aprés quoi nous arivames a une fontaine qui porte gravée : fontaine de St Pierre. Elle est batie come un monument, avec de larges dalles de pierre de taille. « Vous m'avés amené ici par ce qu'elle 10 porte votre nom... » La sont de petits prés, des bouquets de saule, des pepinieres, des champs de bled, de groseilliers ; des noyers, des cerisiers dont les fruits [étaient] demi rouges, des pomiers encore en fleur : le pied d'alouette ; au loin a travers et par des echapees de 15 bois, les coteaux de Sevre qui fuyent en bleu... ; des chateaux batis sur leurs croupes, d'autres dans la plaine, dont nous ne scavions point le nom ; des clochers de village sur la droite, devant nous, se montroient en perspective eloignée, a travers les maroniers en fleurs ; et au 20 milieu de ces vallons paisibles et solitaires, derriere nous en avancant, les bois de Romainville ; les fauvettes, les rossignols, les merles dans les bois, les alouetes en l'air ; il me dit plus de dix fois : « Oh ! que cela est charmant ! Oh ! le joli paisage ! ah ! vous m'avés fait plaisir. » Un 25 ciel serein, de beaux nuages, et les rayons du soleil, ajoutoient a la pureté du jour.

« Voila une grande preuve, lui dis-je, combien les petites proprietes enrichissent la terre : voyés ces vastes plaines nues de la gauche, sans habitans, avec une seule 30 recolte a peine par an ; ici la terre en donne trois, les unes sur les autres (car il y avoit du bled, des cerisiers, et de grands noyers encore au dessus) ; ce n'est point sur les champs, mais dans les bras des cultivateurs, que le

Pere des home verse les fruits de la terre. Quel spectacle enchanteur, si toute la France [était] divisée en petite proprieté ; la facilité de vivre banit les crimes. » — « Ces beaux lieux, me dit-il, les dimanches, sont gatés par les
5 debauches du peuple de la ville ; vous y voyés danser et sauter ; il faut qu'on veille sur eux, dans le tems des fruits. Si vous voyés la Suisse ! Dans leurs danses, leurs pieds ne touchent pas a terre ! » Il se remettoit a regarder les montagnes, et puis les plaines traversées par de
10 vastes chemins, ces longues avenues qui font communiquer les empires : « Que cela est auguste ! » A chaque pas le paysage changeoit, et les objets voisins de nous. Nous vinmes a des ruisseaux, a une mare couverte de lentilles, a des petits tertres formant des vallons abrités
15 dans les bois... Lui cependant s'occupoit [à herboriser] : « Voila la numulaire, voila la sauge des bois, des hyacintes, la croisette, multitude de petites fleurs... en croix, sentant le miel, la   espece de hiacinte bleue dont les grains, l'odeur, la forme, la couleur... ressemblent a
20 la prune ; la coryphilene (?) dont la racine [a l'] odeur de girofle. »

J'avois une boette ; il me disoit d'y mettre des fleurs.
Nous vimes l'escarpement des carières, une pelouse ou est une montee ; nous fumes a Romainville, dans un
25 cabaret dont le maître avoit epousé la rosiere : « Avés vous de bon vin ? » — « Je n'ai que du vin du pays. » Il le gouta : « Il est un peu verd. » — « Je n'en ai point de meilleur. » Il eut l'honetete rare de nous indiquer un [autre cabaret] qui en avoit de fort bon ; « Mais ne pouvés vous
30 pas, dit Rousseau, en envoyer chercher ? Et nous dinerions ches vous. » — « Cela n'est pas permis » dit il. Nous

1 le Pere des homes versent les fruits

sortimes, fachés qu'un home si honeste eut pour lors de
si mauvais vin. Nous fumes [à l'autre cabaret]; on nous
mit dans une petite chambre, sans vue, come celle de
presque tous les cabarets des environs toujours tournés
5 sur la rue, parce qu'ils ne concoivent rien de plus beau
que de voir passer des carosses, et que, dans les plus
riants paysages, ils ne voyent que l'instrument de leur
neant (?). La feme nous fit une grande omelette avec
force lard; R. me dit : « Si vous m'aviés [parlé] d'ome-
10 lette je l'aurois faitte, car je scais bien les faire. » Il vint
des asperges dont il mangea peu : « Elles nuisent a ma
vessie; [pourtant] je mange de tout, une fois [en pas-
sant] pour n'en pas perdre le goust. »

Il me parla d'Emile, me fit part de ses vues ;... il vou-
15 lut m'engager a remplir ses vues : « Je mourois content... » Le petit garçon entra, et dit tout haut : « Le
caffé que vous avés comandé est près. » — « Oh ! le mal
adroit ! Je t'avois dit de m'avertir en secret quand l'eau
seroit bouillante. » — « Oh ! nous avons du caffé ! Ah !
20 se mit-il a rire, je ne m'etone pas que vous ne vouliés
rien mettre dans votre boette : le caffé y etoit. Nous boi-
rons encore bien une demie bouteille, puisqu'il y a du
caffé. » Il me pria encore [de finir son *Emile*] : « Je vous
remettrois tous les papiers, ce que j'en ai fait. » Je le su-
25 pliai : « Vous scavés que je me suis chargé [d'écrire l'*Arcadie*]. » — « L'un n'enpeche pas l'autre. » — « Ma santé
[est] trop dérangée ; oh ! non, j'aimerai mieux vos leçons de
botanique, pourvu que vous vouliés les mettre au net. »
— « Il [ne] m'est plus possible d'ecrire ; je me suis dé-
30 fait [de] mon epinette. J'avois renoncé a la botanique,
mais il me faut une ocupation : je refais un herbier. »
Nous revinmes par le chemin de   , parlant des
Romains, des Grecs ; son chemin aboutit au Parc St Far-

geau ; de superbes maroniers en fleurs ; il en voulut
abattre avec sa petite faux : les fleurs très composées ;
projet d'aller a la huitaine sur les hauteurs de Sevres :
« Il y a des sapins, et des bruieres toute violettes. Nous
5 partirons de bon matin ; j'aime ce qui me rapelle le
nord ; je vous parlerai de mes amours. » Il me serra la
main, me dit : « J'avois besoin de passer ce jour avec
vous. J'etois triste ce matin. » — « A dimanche, aux
Champs Elisés. » — « Si je peux » me dit-il.
10   Je le revis la semaine suivante aux caffé des Champs
Elisées. « J'ai eu affaire. J'ai eté au bois de Vincenes.
J'etois fort triste. Je m'y suis egare. » — « J'aurois eté
avec vous. » — « Quand je suis triste, il faut que je sois
seul. » — « Oh ! oui, lui dis-je, personne ne console
15 mieux soi que soi meme... Mais les homes vous ont obli-
gation : vous leur avés rendu service, consolés. » — « Mes
enemis ont si bien fait que si j'avois desiré la moindre
chose, je ne pourrois rien obtenir ; ils m'ont bouché tous
les chemins. » — « Mais cela peut changer ; je vous le
20 dis : tel que vous etes, votre reputation est celle que je
prefer[er]ois à toutes ». — « Oh ! cela viendroit trop
tard, lorsque je n'eu pourois plus jouir. Un des plus
grands chagrins qu'ait eprouvé Neron, ce fut lorsque,
s'etant frapé, on vint lui dire que tout alloit bien ; il
25 mourut come un enragé, croyant qu'il avoit pris l'epou-
vante mal a propos. Je n'ai été heureux que du moment
ou j'ai perdu toute esperance. Tant que j'en ai conservé,
j'étois tiraillé. Mon cœur me dit qu'il doit me revenir
quelque chose, mais il n'est pas au pouvoir des homes
30 de me le doner. J'ai 70 ans... » [f. 155-156].
    Il y a des convenances si parfaittes que, quand elles se
rencontrent, le bonheur est parfait. Voila pourquoi la

nature a varié les caracteres. On ne se marieroit jamais
si on vouloit reunir touttes les convenances ; il suffit
qu'on ait à peu près ce qui nous convient. « J'etois
malade, lui dis-je ; je n'ai desire de tous les biens de la
5 terre qu'une feme qui me convint. Mais la fortune, le
rang, les prejugés, l'opinion, la figure [ne s'accordaient
pas] : je n'en ai trouvé aucune. » — « Si vous l'aviés
trouvée, votre existence n'y eut pas suffi ; vous auriés
peri. » Je lui racontai la naivete des femes du nord, celles
10 de cour exceptées, car touttes se ressemblent. Dans l'ouvrage dont je m'occupois, [je parlais d']une feme qui
reunit tous les charmes de la société ¹. « J'ai vu des
Armides, mais jamais de Sophie, le langage de l'inocence au milieu des voluptés, des fêtes. » — « Soyez sur
15 que la plus vertueuse sera la plus aimable. » — « Oh !
oui ! », [répondis-je], me rappelant des souvenirs passés...
[f. 157].

Je ne le quittois point sans avoir soif de le revoir...

Il faudra finir par cette comparaison : les caresses
20 materne[lles l']avoient disposé a la sensibilité, sans
laquelle nulle vertu ni grandeur : a cela [s'était ajouté] le
spectacle des grands homes de la Grèce et d'Athènes :
ainsi, sur les rivages de la Loire, les vents du printens
ramolissent les champs jusqu'a ce que les vents de l'au-
25 tone sement les glands des montagnes et les semences
des forest : on voit s'elever au bout de quelques années
des chenes et des sapins qui bravent les tempetes
[f. 118].

---

1. Le *Voyage à l'île de France*, où il comptait d'abord parler de
Mᵐᵉ Poivre.

VI

[SON ESPRIT]

De son esprit.

Touttes les facultes de son esprit, come ses meurs et
5 comme ses ouvrages, portoient l'empreinte de son caractere. Je n'ai jamais vu d'home plus consequent avec lui
meme ; mais souvent un home passe pour inconstant par
la raison que tout change autour de lui, et qu'il ne change
pas lui-meme [f. 141].

10 ### *Sa conversation.*

Je ne suis point etonné que le prevost de Lion, ches
lequel il a fait, come je l'ai oui dire, une education, l'ait
pris pour un home ordinaire, car il se mettoit exactement
de niveau a ceux qui l'environnoient. Il y a beaucoup
15 d'homes obscurs (et j'en ai rencontré de très grands)
excellents : mais la grandeur consiste a ne point humilier
les autres.

Il meprisoit les vaines phrases. On l'eut jugé, avec un
peu d'attention, un excellent ecrivain, a la precision,
20 justesse, ordre, de ses idées et de ses expressions.

Il travailloit difficilement, effaçoit beaucoup ; [il] m'a
dit que huit jours souvent a trouver le mot juste ; disoit
qu'il n'avoit jamais d'esprit qu'une demie heure apres les
autres : « Alors, dit-il, je trouve precisement ce qu'il fal-
25 loit repondre. »

Quoi qu'il eut sujet de se plaindre, jamais il ne medi-

soit de personne, louant l'archeve[que de Paris], le roi
Stanislas, Volt[aire]. Il ne parloit gueres d'actrices, ni de
livres nouveaux, ni de spectacles, ni de gens de la cour,
ni de politique moderne, ni de gazette ; de quoi donc
5 parloit-il ?

La 1re vue de lui, depuis onze heures jusqu'a neuf
heures, sans decesser ; il est vrai qu'il me lut plusieurs
fragmens ; mais pour vous en doner un modele d'une
promenade, d'une conversation : ...Plutarque et Tacite, le
10 Tasse et Virgile, les Grecs, les Romains, les voyageurs ;
mais l'etude de la nature, la vue des plantes, le ravis-
soit...

Il etoit caustique, mais il se contraignoit ; et, s'il lui
echapoit [quelque trait piquant], il le reparoit par une
15 honnetete. L'hyver, il prenoit plaisir a agencer ces plantes,
etendre les feuilles, les revoir, lire des voyages [f. 104].

Sa memoire excellente... ; se ressouvenoit des choses
plus que des mots ; scavoit peu le latin ; il scavoit son
Plutarque par cœur ; il disoit qu'il auroit mieux conu les
20 rues d'Athenes que celle de Geneve ; ne se repetoit
jamais dans la conversation [f. 111].

Imagination.

Il me semble que nos facultes [viennent] beaucoup
de notre education, car, si vous rendez la 1re enfance
25 d'un home heureuse, vous lui rendes les 1ers tems chers ;
son esprit se porte toute la vie dans les temps passes.

Voulez vous doner de la memoire aux enfans ? rendes
cet age heureux. Si vous lui otés l'esperance, vous lui
eteignes l'imagination.

23 nos facultés tirent beaucoup

Son imagination est faible, comme on le peut voir dans ses romans, dans sa comedie de Narcise, peu fertile en evenements [1].

Esprit, Memoire, Imagin., Jugement.

5 Il avoit naturellement beaucoup de memoire, et se rapelloit surtout les tems de son enfance avec plaisir, des circonstances de sa 1ere enfance; mais les malheurs de sa vie [l']ayant forcé de se replier sur lui meme et de venir a son propre secours, une partie de ses
10 lectures lui etoit echapée, come un voyageur qui, forcé de s'enveloper de son manteau, ne regarde pas les pays qu'il traverse. Au reste il se ressouvenoit plus des evenemens de sa vie que de ses lectures, come un home qui avoit preferé la realité aux images, la nature aux natura-
15 listes.

Mais ce qui dominoit en lui etoit un jugement exquis, avec une sensibilité qui donne a la fois un caractere de justesse et de sensibilité rare. C'est ce que nous verrons en parlant des qualités de son cœur [f. 159].

20 ### Sur ses goust.

Il me disoit : « J'aime les montagnes; cela est lié avec des idées particulieres, d'anciennes affections... »

De tous les pays, c'etoit la Suisse ou il revenoit sans cesse; il me faisoit de belles descriptions des crateres, de
25 roches qui renferment des jardins en l'air. Il n'aimoit point la mer, ni les grands fleuves; il trouvoit les ruisseaux bien plus touchants.

---

1. F. 111. Cf. f. 159 : « Son imagination [était] mediocre, ce qu'il est aisé de voir dans ses ouvrages ou pour l'invention, les evenements, les variétés de caractere, il n'y a rien que de tres ordinaire. »

Il n'avoit bien etudié de la nature que la botanique, avoit peu voyagé ; mais s'il l'eut etudiée come la botanique, il eut trouvé des charmes dans toutes les scituations, du nord au midy, comme dans les plantes il trouvoit a toutes quelque caractere aimable.

Je lui parlois des bords de la mer, des froids du nord, de la majeste des sapins [f. 166].

Son esprit. Jugement.

Je lui demandai un jour quelle etoit la nation dont il avoit la meilleure opinion ? « Les Espagnols. »

J'oubliai de lui en demander la raison ¹, car ce n'est ni la plus comercante, ni de la meilleure discipline, ni forte en armes ; et les grands s'y sont emparés de tout, come en Italie, et dans une partie de la France. Mais après y avoir reflechi, j'ai jugé que c'etoit parce qu'elle a un caractere, qu'elle croit, qu'elle n'est pas battue des opinions de la philosophie, qui font d'une nation autant [de nations] qu'il y a de sectes ; qu'elle conserve sa fierte dans sa pauvreté.

Pour moi, je lui dis que c'etoient les Prussiens, a cause de leurs mœurs, de leurs vertus, et que c'etoit un peuple a qui il ne manquoit que des historiens.

J'estime qu'on pouroit porter la notre bien plus loin, ...parce que, quelques vitieuses que soient nos opinions, nos divers etages aristocratiques formés dans l'État et dans les corps, quelque nombreux que soient les indigens dont le nombre va a six millions, il y a un point unique qui nous porte : c'est l'amour pour les princes. Toutes les chevilles de cette roue sont rompues, mais le

---

1. Il avoit dû ensuite réparer cet oubli, car il dit autre part : « De toutes les nations [il] estimoit le plus les Espagnols, parce qu'ils croyent » [f. 138].

pivot est sain. Vous persuaderés les Anglois par le mot
de liberté, l'Espagnol par la religion, le Hollandois par
le comerce, le Russe par la crainte, le Juif par le lucre(?),
le Prussien par le devoir, l'Autrichien par la jurispru-
5 dence, le François par l'amour du roi.

Nous avons les caracteres de toutes les nations : le
Gascon a quelque chose de la fierté espagnole, le Nor-
mand du flegme anglois, le Picard de la franchise du
Suisse.

10 Mais ce sont nos femes qui ont souvent retabli les
mœurs. Sans elle l'ancienne feodalité seroit [r]etablie ;
mais elle rassemble tous les ordres de l'État, les confond,
et renverse toutes les barieres que l'orgueil des corps et
des sectes s'efforce d'elever ; elle effraie la tiranie d'une
15 chanson ; dans l'indigence elle chante, si elle a une robe
et du pain.

Il aimoit la nation, prise collectivement, et son caractere ; dans ses heros, un courage gay. Il avoit choisi d'y
vivre lorsque toute la terre [lui] etoit ouverte : [c'est] une
20 preuve meme de la liberté [dont on y jouit] ; en Angleterre on peut tout dire, a Paris aussi, pourvu qu'il y ait
de l'esprit. On disoit de Caton qu'il etoit venu 500 ans
trop tard, lui 50 trop tost, sous un roi qui veut le bien,
apres nous avoir demontré nos maux : les riches mise-
25 rables par leurs immenses richesses, les pauvres par leur
multitude indigente.

Il reprochoit a une partie des Suisses 1° l'usage ou
leurs enfans sont d'aller sur les chemins demander de
l'argent aux voyageurs ; 2° un amour si grand pour les
30 titres qu'un voyageur qui auroit le titre de duc eblouï-
rait ; il avoit plu a M. Maal [1] en allant 10 mois aupres

1. Milord Maréchal.

·de lui, simplement, tandis que les autres [y allaient] en visitte.

Sur quoi j'observai que les homes adorent toujours ce qui [est] le plus contraire a leurs usages : Platon, l'ami
5 des tirans, fait un traité de republique ; Xenophon l'athenien choisit un roi, Cyrus, pour son heros ; nous vantons en France les republicains. Parlés de guerre a un moine, de vergers a un marin, de tempetes a un laboureur, d'amour aux celibataires, vous serés sur de les
10 piquer [f. 164].

Son esprit et gout. Eloge des letr[es].

Il avoit un gout exquis dans la litterature et les arts, mais subordoné a la nature, tellement qu'il preferoit de bonne fois Robinson, tous les voyageurs aux historiens.
15 L'Astree d'Urfé.

En considerant les lettres, c'est ce qu'il y a de plus pretieux dans la societé : elle nous rapelle a la vertu, a la nature, aux sentiments naturels ; elle consolent l'home ; elles l'elevent vers la divinité. Des que l'home a une fois
20 quitté la vie patriarchale, et que, degrade de ces lieu (?) fortunés, les lettres, les arts sont descendus du ciel pour supleer a la nature, il voulut avoir en peinture, en ¹, les homes qu'il avoit connus : les heros, les bienfaiteurs : il adressa au ciel des chants. La musique, la poesie, lui
25 rappelerent le tems pastoral.

Comment donc aujourd'hui servent elles la malignité, font elles le malheur de ceux qui les cultivent : l'épigramme, le sarcasme, la calomnie, la médisance, les haines, les voluptés obscenes ? helas ! (et c'est dans ce

---

1. Le mot suivant manque : probablement *sculpture.*

sens [qu'il] les avoit vus), elles achevent la ruine et le malheur des peuples. Oh ! que, de ce point, il est doux et triste de revenir vers la nature ! que les reflexions sont douces sur soi, ameres sur les autres ! Oh ! que d'occupa-
5 tion a fuir(?), que de talens a eclore, que de sujets a trai-ter, qui cedent a celui d'etre vertueux !

Que de verites inconues aux homes, repandues sur la terre, de loix cachées ! Elles sont plus nombreuses que les arbres des forests ; elles echapent a l'home agité de
10 passions ; elles font la contemplation des esprits d'un autre ordre, jusqu'a ce [que] quelque home de genie, venant de siecle en siecle, en fasse la decouverte et les montre au genre humain.

Ce n'est qu'en se raprochant de la nature, que ces
15 speculations sublimes ; c'est l'home de la societe qui ne jouit point, c'est le solitaire qui est l'home du monde [1].

Son jugement sur les autheurs et livres anciens.

« Vous avés lu Pline le naturaliste, lui dis-je ; come il se recrie a chaque page sur la majeste, le genie, l'indus-
20 trie, la prevoyance de la nature : eh bien, il y a un endroit ou, du plus grand sang froid, il vous dit qu'il n'y a pas de Dieu. Il est impossible d'imaginer qu'un si beau traité, de si belles preuves de la providence, ayent été rassemblés par un athée. »
25 Il me dit : « Tous les livres ont eté interpolés ; ils ont

1 sens qui les avoit — 9 forests, dont la plupart même échapent

---

1. XXXVIII, 25. Dans ce passage, qui semble une série de notes prises après une conversation, des mots manquent, que le lecteur pourra suppléer lui-même. La feuille de papier est sabrée de deux grands traits de plume d'une autre encre que le manuscrit.

passé par tant de mains, de partis, de factions; aussi je ne crois en rien a l'histoire. Que d'homes presentés au genre humain, a la posterité, come coupables, ont ete très vertueux ! Que d'autres au contraire, que d'homes illustres
5 restés dans l'obscurité ! » — « Il y a, lui dis-je, en effet de beaux paysages qui... ne seront jamais peints. »

Aussi il meprisoit la reputation et les aplaudissements des homes.

Nous parlions de Phocion qui disoit : « N'ai-je pas dit
10 quelque sottise ? » [f. 117].

Jugement.

Il aimoit singulierement les contes et histoires orientales. Il aimoit les Mille et Une Nuit, où le costume oriental [est] très bien decrit. « L'homme, disoit-il, y est
15 plus raproché de l'home ; vous y voyes un souverain en conversation avec un home du peuple. Come nos riches ne craignent jamais de tomber dans la misere, il n'y a gueres que nos miserable de charitables. » Je lui dis a ce sujet : « Quoi qu'en dise le president Hainaut, une des
20 grandes causes de la sterilité de nos histoires modernes et de leur peu d'interest... c'est qu'il n'y a rien pour le peuple. Bien differentes de l'hist. grecque et romaine ; ches eux c'etoit a qui seroit tribun, ou edile. Les uns donoient des fetes au peuple ou... [Pour] toutes nos
25 grandes maisons il s'agit de savoir qui aura tel gouvernement, telle preseance, ce qui n'interesse ni la nation ni les homes ; aussi il n'y a qu'un home interessant : c'est le roi, et l'interest de son hist. augmente a mesure de sa popularité ; voila pourquoi j'admire celle de Louis 14,
30 j'aime celle d'Henry 4. » — « Nous en avons cependant qui nous touche, come celle de Turenne ; mais ce n'est point come grand seigneur, mais come home. »

Il aimoit Catinat, citoit de Villars... [un] trait de courage gay [f. 109].

En jugement, exquis : le portant sur ce qui l'environoit, il y trouve une multitude de raports très piquants et nouveaux.

Sur les homes, sur les autheurs, sur les nations.

Preferoit Plutarque a Tacite, come le peintre du malheur, moi [1] par ce qu'il raproche des homes, et que l'autre en eloigne, que l'un fait valoir, explique en bien les actions mechantes, les excuse; l'autre donne un mauvais tour aux bones.

Preferoit Fenelon a tout; grande remarque : Fenelon a tourné les specul[ations] de l'Europe vers l'agriculture, la base des peuples; Louis 14 jaloux de lui [2].

Sur l'Astré d'Urfé.

Il etoit si epris du roman d'Urfé qu'il fut exprès jusque dans la forest (sic) pour y voir les bords du Lignon, le lieu habité par Astrée. Il aprit que les bords du Lignon n'etoient habités que par des couteliers et des serruriers [f. 117].

Il estimoit singulierement l'Astrée d'Urfé : il l'avoit lu 2 fois, et vouloit la lire une 3e : « Il ne faut pas la lire en courant. » Je ne l'ai lu qu'une, a sa sollicitation. J'ai admire la verité des caracteres, l'imagination prodigieuse, mais j'avoue qu'il m'a enuyé; il y a des tableaux uniques et charmants, un esprit infini, mais une metaphisique qui noye tout, trop de personages [f. 120].

1. C'est-à-dire : et moi je prefere aussi Plutarque à Tacite, mais parce qu'il, etc.
2. F. 111. — Cf. f. 138 : « Sur Fenelon, lui donoit une grande louange d'avoir tourné l'esprit de l'Europe a l'agriculture, la baze du bonheur des peuples; ainsi, si les guerres ne fussent venues, on eut dit : « le Siècle de Fenelon », mieux que celui de Louis 14. »

Son jugement.

On lui vouloit faire conoître quelqu'un, fort enthou-
siaste de lui : « Il m'a vu, dit-il ; on ne juge des homes
que par les oreilles et non par les yeux. »

5   Certes c'est un defaut ou inconvenient qu'il a relevé
en partie lorsqu'il a dit que lorsque nous allons chercher
la morale au theatre [nous sommes] comme le petit
Jean de Saintré qui ne pouvoit manger son pain si sa
bonne ne [le] lui coupe. Les enfans sont dans le parterre,
10 la bonne est sur le theatre.

Nous devenons par les arts si accoutumés a la representation, que la realite meme ne fait aucun effet. Il
faut qu'on nous la mette loin de nous pour nous la faire
estimer. Je conois des gens foux de tableaux de paysages
15 qui ne regardent jamais ceux de la nature. D'autres ont
des portraits de philosophes, et... ne font nul cas des
originaux. D'autres pleurent sur les malheureux de la
famille d'Agamemnon, et ne donneroient pas une larme
a de malheureuses familles francoises. Voila ce que fait
20 l'habitude de nous repaitre d'illusions, de nous rendre
tres indifferens a la realite, et inhabiles aux choses de la
vie.

Combien l'amour de la patrie chés les Grecs augmenté ! Car les artistes ne peignoient que des Grecs, ou
25 les dieus de la patrie, ou les heros ; la Grece fit passer
l'amour de la patrie, de ses dieus, chés toutes les nations,
et a rendu chaque rocher celebre.

Si nous nous raprochons par un point, nous nous
etrangeons par mille [f. 120].

Sur Mr Rousseau.

Ses jugements sur plusieurs grands hommes.

Il preferoit le Tasse, pour son Armide, a la Didon de Virgile, la trouvant plus feme ; et moi, d'avis contraire ; lui citois plusieurs morceaux. Ici y inserer des morceaux entiers.

Il n'aimoit pas Polybe, si froid en parlant des maux de sa patrie. Il ne scavoit pas le grec, et il avouoit que le latin le fatiguoit.

Il estimoit beaucoup Mr. de Fontenelle pour sa probité, droiture ; pour avoir eu une grande et facile disposition a l'epigrame, avoir ete fort assailly, et avoir eu la generosité de n'en faire usage ; et cette louange de Fontenelle est reversible à Mr R., car il s'abstenoit de medire d'aucun en particulier, quoique par fois il lui echapat des epigrames. Il se comparoit a Linœus : « J'ai toujours repoussé le trait franc [1] », regardant la finesse dont on aiguise un bon mot come une perversité ; comme ceux qui prenent plaisir non a repousser l'injure mais dans la douleur d'autrui, semblables aux sauvages qui avant de lancer leurs fleches les empoisonnent.

Son trait sur un avare de l'Academie : « Je ne l'ai pas vu, et je vous crois. » — « Je l'ai vu, et je ne le crois pas [2]. » Il lui predit que, s'il ecrivoit, il s'attireroit

1. « Il se felicitoit d'avoir toujours renvoyé a ses ennemis le *trait franc*, c'est a dire de ne l'avoir point empoisoné, ni nuit en secret » [f. 107].
2. Aimé Martin raconte ainsi l'anecdote : « Un jour l'on faisait une quête pour un pauvre homme de lettres. On s'adressa deux fois à un académicien qui passait pour avare ; il dit au second tour : J'ai donné un louis : celui qui tenait la bourse lui répondit : Je le crois, mais je ne l'ai pas vu. Fontenelle repartit aussitôt : Pour moi, je l'ai vu, et je ne le crois pas. » P. 449, col. 1. — Martin a probablement emprunté sa version à Chamfort sans du reste reproduire exactement le texte ; cf. Chamfort, édition du *Mercure de France*, 2me ed., p. 110.

beaucoup d'ennemis. Il lui dit qu'il s'etoit toujours repenti d'avoir ecrit meme des ouvrages qui avoient eu le plus de succès : « *Et cependant persone n'a plus joui que moi de sa gloire.* » Autant on en dit de Racine.

5 Il vouloit, sur ses derniers jours, ecrire sur les avantages de l'adversité, de la vieillesse ; n'étoit pas content de ce que Ciceron en avoit ecrit.

Il se flattoit d'avoir eu a repondre a 2 gens de bien, l'A[rchevê]que de Paris, et le Roy de Pologne...

10 Il aimoit Sakespear, et trouvoit que nos tragédies sont trop en dialogues, pas assés de situations naturelles. C'est ainsi que Richardson, qu'il aimoit beaucoup, n'a mis aucuns scites naturels, des scites qui ajoutent et accompagnent de toute l'imensité de la nature les pensées.

15 C'est ainsi que le lac de Geneve, le rocher de Pomerai, la vallée de Vevey ajoutent aux charmes et aux eternels regrets de la mort d'Heloise [f. 121].

Ses maximes en litterature.

« Ne mettes point la verité en maximes ni en sen-
20 tences. » En effet les plus grands ecrivains ont tombé dans ce defaut. Il en resulte que les parties font de l'effet, et que l'ensemble n'en fait point.

– Il disoit que, pour ecrire l'histoire, le plus difficile et le meilleur seroit le plus vertueux, non pas a debiter des
25 sentences, mais a dire avec courage la verité, à braver les partis, les corps, les tirans, les homes ; car voila en quoi consiste la vertu, qui est un effort non pas de mots mais de faits.

Il pretendoit qu'on ne pouvoit faire d'effet que dans
30 un long ouvrage [f. 120].

Esprit. Jugement. Maximes.

Il disoit que le travail etoit un présent divin fait a l'home ; aussi etoit il toujours occupé, et ché lui, dans ses conversations, ou il arrangeoit des plantes.

5 Les hommes qu'il estimoit le plus etoient, chés les Grecs, Lycurgue, parce qu'il fut juste ; chés les Prussiens, Milord Marechal, et son frere tué, dont il vouloit ecrire l'histoire. Son frere lui dit : « Elle est faitte en 4 mots : probus vixit, fortis obiit », parce qu'il faisoit le bien sans
10 en parler, et dedaignoit la representation ; Catinat, dont il avoit voulu ecrire l'histoire ; les Medicis ches les Italiens parce que [c'étaient] des citoyens devenus les bienfaiteurs de leur patrie, et montés au trone par les bienfaits ; Fontenelle, parce que, conoissant les homes, il
15 leur avoit fait du bien, scavoit faire des epigrames, s'en etoit abstenu ; lui disoit : « Je puis vous assurer que mes ouvrages m'ont fait plus de peine qu'ils ne m'ont aporté de plaisir » ; Linœus chez les Suedois, dont il conservoit les theses comme des chefs d'œuvre et de grandes vues
20 sur la nature, a cause de son caractere droit... ; mais Fenelon par desus tout : [Fenelon] avoit dirigé les vues de l'Europe vers l'agriculture.

« Quand aux nations, je conviens, lui dis je, que beaucoup d'individus superieurs chés les Grecs ; mais com-
25 bien les Romains plus vertueux ! Voyés come les premiers se traitoient en guerre les uns les autres, les Athéniens, les Samiens ; les Romains [attiraient] a eux les peuples vaincus : dignes de gouverner la terre. » — « Cela est vrai ; les Romains [étaient] meilleurs que les Grecs. »
30 Il avoit une grande opinion des Espagnols.

Dans les rois, faisoit cas de Louis 14, beaucoup de Henri 4 ; estimoit le jugement de Louis 15.

Mon jugement sur Plutarque comparé a Tacite : Tacite
eloigne des homes, Plutarque en raproche ; on voit
que le 1ᵉʳ est bien aise de dire du mal. Quand quelque
bone action [se rencontre] il y supose un mauvais motif.
5 L'autre, au contraire, tache d'excuser les mauvaises. J'ai
eté touché même que dans une certaine vision des
enfers, ou Neron dans les suplices, les dieux le changent
en animal palustre (?) en consideration du bien qu'il
avoit fait a la *pauvre Grece*. — Il n'aimoit point le judi-
10 dicieux Polibe, si froid en parlant des maux de sa patrie.
Il adoroit Plutarque et l'apelloit le peintre du malheur ;
en effet la fin d'Agis, celle d'Antoine, celle de Monime,
feme de Mithridate, le triomphe de Paul Emile, les malheurs des enfants de Persée.

15   Il preferoit Sakespear a Racine : « Nous mettons trop
de dialogue et pas assés d'action ; trop de subtilité, de
métaphisique. Quel beau sujet sans parler ¹ lorsque la
feme de Brutus l'accompagne et que là en [attendant]
l'embarquement, courageuse et constante, jusqu'a ce
20 qu'elle voit ce tableau dans le vestibule d'un petit temple
sur le bord de la mer, representant les adieux d'Hector
et d'Andromaque. Alors sa fermeté l'abandona. Quelle
scene touchante et muette a mettre dans un drame !
Come ce sentiment double des deux douleurs. Ces mots
25 gravés au dessous : Hector, je trouve tout en vous, pere,
frere ; vous êtes tout pour moi, vous etes mon epoux. »

Nos conversations interompues par la ceuilete des
fleurs... : nous admirions leur forme enchantée, la variété
de saison ou elles poussoient successivement, leur grâce ;
30 l'anémone des bois : quand il y en a, sa racine s'etend
par tout ; la granulée, les graminées, leur port : grâces

----

1. C'est-à-dire : quelle belle scène muette !

douces. Après cela nous allions nous rafraichir a une belle vue. Il me parloit de ses amours, de la Suisse,... du lac de Geneve.. ; je n'en sortois point sans etre meilleur et avec un apetit extreme de la nature [f. 123].

5 Il me cita une bien vieille chanson de trois amis qui arivent au cabaret, une nuit d'hyver ; dont le sens est : donés nous trois fagots, trois brocs, et un verre [f. 139].

Il aimoit beaucoup les voyageurs, surtout ceux qui decrivent la nature. Quand il en avoit rencontré quel-10 qu'un qu'il n'avoit pas lu, il menageoit le plaisir de le lire : « Je le lirai cet hyver auprès du feu. » Il preferoit avec raison une promenade dans un beau jour, et la nature à la representation.

Une fois il y fut atrapé : — *voyage par le pole autour du* 15 *monde* ; il se trouva que c'etoit un mauvais roman [f. 123].

Aimoit Richardson et sa Clarisse ; comparé a Eloïse : « Je n'ai fait qu'un tableau, il a fait une galerie. » Son Grandison trop heureux n'interesse jamais ; d'ailleurs 20 point de tableau naturel.

Il aimoit qu'on lui done une meilleure idée des homes ; il me parla [d'un] voyage en Sicile, par un Anglois, ou il estimoit les Siciliens dont on lui avoit doné une mauvaise opinion.

25 Il preferoit les relations de voyages anglois par ce que plus remplis d'observations de la nature [f. 139].

Son jugement.

Sur lui meme : n'auroit voulu etre un autre, parce qu'il avoit eté tout ce qu'il pouvoit etre ; disoit, come 30 Fontenelle a la mort, que ce qu'il se felicitoit le plus d'avoir fait dans sa vie, c'est de n'avoir jamais jetté le moindre ridicule sur la plus petite vertu [1].

Sur les gens de lettres.

Il me disoit souvent qu'il n'y avoit rien de plus aimable qu'un home qui cultivoit les lettres pour l'amour d'elles memes, sans pretention.

Il est impossible de voir l'etat malheureux ou elles sont reduites de nos jours sans presager leur decadence : « L'intolerance theologique, me disoit-il, n'est [pour] nous qu'une branche de l'intolerance, et tout cela vient de l'education qui nous eleve a nous surpasser dans les colleges par un vain babil, a porter notre affection chés les Grecs ou chés les Romains, et nous rend la patrie etrangere... La vertu est a descendre et non a monter. » R. n'avoit point eté elevé dans un college [f. 117].

Jugement sur R.

Mais apres [avoir] jugé son esprit, jugeons le nous meme sur l'opinion qu'aura de lui la posterité. Je suis bien aise de dire ceci pour les litterateurs de notre siecle : il y a une chose seule qui, avec les talents, assure la reputation des grands homes : ce n'est point l'esprit, car qui en a plus que Martial ? ce n'est point la volupté, car Lucrece et Ovide; ce n'est point la haine des vices, car qui peut dire plus que Juvenal ? mais c'est l'utilité dont un ecrivain est au genre humain, au plus grand nombre.

1. F. 138. — Cf. f. 123 : « Il me citoit souvent, et s'apliquoit le mot de Fontenelle mourant : « Que vous felicites vous le plus d'avoir fait? — De n'avoir jetté le moindre ridicule sur la plus petite vertu. »

On m'object[era] les artistes si estimés chés les Grecs, les comediens, les orateurs, et ches nous ces etats considerés et caressés par les riches. Mais c'est que les artistes grecs peignoient leurs grands homes ; leurs gens
5 de lettres les louoient ; les acteurs du tragique [représentaient] les grandes actions de la Grece ; et les notres ne parlent que de ceux des Grecs. Coment un peuple a qui l'on met en latin les inscriptions de ses princes [peut il les aimer] ? Oh ! que de choses a dire sur les moyens d'at-
10 tacher le peuple a la patrie ! Mais voyés come il prefere Henri 4 a Louis 14, quoi que celui ci plus puissant [1] : l'autre affable et utile.

Or on lui objecte [2] d'avoir ebranlé la religion, en jettant le doute [dans les esprits], la religion, si necessaire
15 au maintien des etats et au bonheur des homes.

Je reponds qu'il n'ebranle pas ce qu'il examine, mais qu'il le rassure.

Il a apris a doutter a des gens qui ne croioient plus rien. Il y trouve même un nouveau degré de preuve
20 independant du temoignage des homes : « Je crois a l'Evangile, dit il, parce que l'Evangile parle a mon cœur », et ce beau tableau que l'on prononce dans les chaires.....

Quand a l'autorite de l'Eglise, [on comprend] ses opi-
25 nions comme protestant. D'ailleurs l'oposition etonante et incroyable du luxe et des richesses et de la coruption du clergé [avec l'Evangile] avoient excité avant lui les Jeromes, les Bernards ; quand au dogme, c'est un protestant.
30 Il a, dit-on, ebranlé les fondements du gouvernement ? Mais dans son Emile... raisonant avec lui de la haine, et

1. Dans le ms. : *a 2 statues tant de monuments.*
2. A Jean-Jacques.

corruption, et intolerance de tous les corps, sur le bonheur qu'il y ait un roi en France, de peur qu'il n'y eut mille tyrans, il me dit : « La liberté est un aliment solide qui ne convient qu'a de bons estomacs. Il n'y a
5 qu'un peuple qui a des meurs qui puisse etre libre. Peu d'hommes parmi nous peuvent se reduire a etre de simples citoyens. »

Voilà donc les 2 grandes objections faites contre ses ouvrages.

10 Mais voyons le bien qu'il a fait : libertins rendus meilleurs, education adoucie ; on suprima a l'Ecole Militaire les chatimens honteux ; l'Imperatrice de Russie les a bannis des colleges, come chose qui deprave l'enfance de bonne heure ; meres devenues nourices ; lois de la
15 societé naturelle rafermies ; goust de la nature inspiré ; Elisées construits ; exterieur simple dans les ajustemens des homes ; repentir, goust de la vertu [f. 169].

Caractere.

On a dit de Caton qu'il etoit venu 500 ans trop tard,
20 R. 50 ans trop tost. Il semble avoir desesperé de la reforme entiere d'un peuple ; et, come dans un tems de peste, pour le bonheur et la vertu il tire des barieres ; il isole, d'apres l'exemple de Sparte. S'il etoit venu sous un Roi qui aime les bones mœurs, que la flaterie n'a pas
25 corrompu... Oh ! que n'est il né catholique, et françois !

Seul, etranger, persecuté, calomnié, si par le pouvoir de la vertu et de l'eloquence il a tant influé sur ses calomniateurs, que n'eut il pas fait, s'il eut [été] aidé !... Le fleuve des generations s'ecoulent ; mais, comme les eaux
30 du printems, chaque anée une generation d'enfans vient

renouveller les peuples, disposés a obeir aux loix saintes et eternelles de la nature.

Il faut bien esperer donc de l'avenir; les maux vienent insensiblement : la reforme, aidé[e] du pouvoir des lois, 5 ne peut-elle venir de meme ? Faut-il des malheurs pour reformer un peuple ? [f. 170].

Esperance de reforme.

On me dira : les riches, les grands, ceux qui aspirent a le devenir, ceux qui donent l'exemple, ont comencé par 10 etouffer leurs remords; il n'y a plus que la vertu qui a des scrupules : le crime n'a plus de remords ; les opinions que leur a donné une mauvaise philosophie, ses erreurs, les tranquilisent. Ne voyant point la nature, il est aisé de nier son auteur. D'ailleurs ils ont reussi par 15 de mauvaises voyes, et ils disent : « S'il y avoit un dieu, je ne serois pas heureux. » Ils sont a eux memes un argument contre la providence...

Mais sont ils heureux ? Peut etre viendront ils a croire qu'il est doux d'avoir une conscience ; qu'après tout, la 20 vie est si courte, qu'à tout prendre il vaut mieux avoir des amis que des domestiques ;... et que la vertu a tout prendre est non seulement ce qu'il y a de plus sur, mais encore de plus aimable, de plus doux, de plus heureux ;... et qu'on n'est consolé que par le souvenir du 25 bien que l'on a fait [f. 170].

VII

[SES OUVRAGES]

Sur ses ouvrages.

Le caractere influe sur les ouvrages d'un ecrivain ;
5 c'est ainsi que l'ame aimante de Fenelon se jetta dans le
quietisme, que l'intolerance de Bossuet perce a travers son
equité, lorsqu'il accuse les Grecs de n'avoir pas elevé
d'autels a l'amour honete, tandis que la chaste Junon qui
presidoit aux mariages, la chaste Diane ; que dans le
10 meme discours,... il fait creuser un lac plus grand de
140 lieues que l'Égypte et de 300 pieds de profondeur ;
qu'il accuse ailleurs son confrere d'avoir calomnié les
peres ; les meilleurs livres sont pleins d'erreurs, parce que
[ce] sont les ouvrages des hommes. J'entreprends ici de
15 relever les principales [f. 124].

Sur son stile.

Il a ose employer des mots reprouvés, et avec succès,
entr'autres celui de *fumier*. « Je vis, dit-il, touttes les
richesses de la Hollande sur un fumier. » Dans quelques
20 autres, mais en bien petit nombre, il n'a pas été si heureux... ; mais, a l'aventure, l'a-t-il fait exprès ? sont-ce
des os laisses a ronger a la critique ? Je n'y toucherai
point... [f. 125].

Ses maximes en eloquence.

25 Je lui disois : « Je crois que la meilleure maniere
d'ecrire, de rendre sa pensee, est la plus courte », et je

citois Tacite. Il me dit : « On plait quand on est court ;
on plait aussi quand on est long... Il y a en effet une
harmonie ou suitte de proportions. La nature donne aux
muscles et aux membres une certaine proportion... »
5 [f. 123].

Sur ses ouvrages.

Discours qui, en 1750, a remporté le prix de l'Academie de Dijon sur cette question « si le retablissement des
sciences et des arts a contribué a épurer les mœurs ».
10 Il n'est que trop vrai qu'elles les ont corrompues, et
qu'elles ajoutent infiniment a la corruption.

Mais il se trompe quand il ajoute qu'elles altere les
vertus guerrieres par cela seul qu'elles sont seden-
taires ; Epaminondas, le plus scavant home de son tems ;
15 Alexandre, très instruit ; Cæsar, le plus eloquent de Rome ;
Xenophon, l'eleve de Socrate, l'abeille attique, a fait le
plus bel acte militaire ; le bon Henri 4 etoit très instruit.
Il est vray que Polybe ne veut point que les soldats
scachent lire.

20 Aimer la science, selon lui, en epuisant les esprits
animaux, enerve le courage. Mais c'est l'effet que pro-
duisent les excès en tout genre, ceux de Venus encore
plus que ceux de Minerve ; et cependant les femes aiment
a faire passer ces 2 qualités comme sinonimes, parce
25 qu'Henry 4 nous a ete peint come un prince qui en vouloit a toutes les femes ; mais Henry 4 a eu de violentes
passions, mais n'etoit point libertin : le voluptueux Paris
etoit effeminé.

D'ailleurs R., en peignant le courage comme une vertu
30 de temperament, oublie que c'est une vertu qui a doné
des armes au materialiste ; c'est contre l'evidence, puisque

des homes tres vigoureux sont poltrons, que d'autres, d'un temperament tres delicat et malade habituellement, [sont] très braves, comme Cæsar. Cette vertu depend, come les autres, de l'ame et de l'education.

5 Mais lui meme, livré aux lettres et s'en occupant dans une vie sedentaire, a eté l'home de son siecle qui a temoigné le plus de courage, comme nous le verrons dans son caractere.

Le resultat donc de cette question, « si les arts et les 10 sciences ont contribué [à épurer] les mœurs ». Non. Il a eu, a mon gré, raison de prendre la negative. Elles ajoutent a la corruption d'un home corrompu ; la plupart des homes en abusent ; mais elles ajoutent a la perfection aussi : Fenelon.

15 Il me semble que cette question se reduiroit a celle-ci : le vin est il bon a la guerison des maladies ? [f. 127].

Sur ses ouvrages.

Devin du Village. Quelques uns blament qu'un philosophe grave ait fait un opera ; cet ouvrage lui fut inspiré 20 par Fontenelle, qui lui dit : « Je serois curieux que quelqu'un fit à la fois la musique et les paroles. » — « Vous avés bien reussi, [me dit-il] ; vous avés filé ensemble l'or et la soye » [f. 157].

Ouvrages de J.J.

25 Le genie invente, l'esprit aplique ; le genie remonte toujours, et souvent d'une petite chose, a des principes generaux, jusqu'au sein de Dieu meme... C'est ainsi que, d'une feve plantée, il tire les premieres notions et les fondements de la justice.

30 C'est ainsi que, lorsqu'Enée a etalé a Didon sa genealogie, sés malheurs, pour la toucher, elle ne s'y areste

point ; mais, remontant a elle, elle lui dit ce beau vers, fondement de la pitié universelle sur toute la terre :

Non ignara mali miseris sucurere disco.

Ainsi, dans Homere, Priam prenant les mains d'Achille,
5 ces mains terribles qui avoient egorgé ses enfans, lui depeint les prières boeteuses, humbles, marchant a la suitte de l'injure, et se presentant devant le trone de Jupiter.

Le genie remonte donc toujours a des principes gene-
10 raux ; voila sa marche, ce me semble. Voila pourquoi ses œuvres [sont] pleines de digressions ; voila pourquoi dans sa Lettre sur les Spectacles [on trouve] ses vues sur un tribunal, une cour d'honneur, très interessantes.

Mais il n'en est pas de meme quand il se sert de son
15 esprit ; la comedie n'est qu'un ouvrage d'esprit, n'est que l'aplication d'un ridicule ou d'un principe de morale presenté sous divers point [de vue]. Aussi a-t-il fort mal reussi dans les aplications : son Narcisse amoureux de lui meme. Mais quand, du caractere du misantrope, il
20 en fait naitre un autre ; quand, de Pigmalion, il remonte, suivant sa pente, aux sensations, on voit luire les feux du genie [f. 149].

Ouvrages.

Sa Lettre sur les Spectacles, en datte du 20 mars 1758.

25 Il prouve sans replique que les spectacles sont nuisibles a Geneve, et, par les details charmants des montagnons(?) et des fetes du regiment de St. Gervais, combien les fetes publiques, patriotiques, simples [sont] infiniment superieures a des comedies ou le vice triomphe presque
30 toujours ; [où l'on voit] des passions d'un etat different

[du nôtre] ou l[a] tragedie ne nous inspire que des pitiés
etrangeres ; pour moi, je l'ai aimée passionement ; mais
quoi ! elle pleure les malheurs de la famille d'Agamemnon ; et n'avons nous pas des familles aussi malheureuses
5 et plus inocentes ?

Le philosophe qui lui a repondu, est forcé d'avouer
qu'on y va oublier la societé, c'est a dire la patrie.

Ce morceau est plein de digressions très utiles sur une
cour d'honneur, sur le caractere de Moliere qui n'a
10 jamais eu pour but que de faire rire Louis 14, a qui la
vertu et le vice ¹, qui a tourné [en ridicule] surtout les
gentilhomes campagnards, inspiré du mepris pour la
plus noble des occupations, l'agriculture, et rendu suspect et odieuse la vieillesse aux jeunes gens. L'education
15 simple a achevé de detruire nos meurs, et jetté les fondements de ce siecle de haine, sur toutes les conditions,
medecins, procureurs, tuteurs, vieillards, et qui n'a
formé en gens de bien que des Aristes froids, sans caractere.

20 Il a oublie de dire, je crois, que la comedie etoit
fletrie par l'areopage qui honoroit la tragedie parce
qu'elle parloit des grands homes de la nation.

On a taxé R. d'humeur pour avoir dit qu'elle faisoit
imiter les mauvaises meurs ; mais il est a ma conois-
25 sance que des jeunes gens se sont deguisés en vieillards
pour tromper des bourgeois ; qu'une infinité de filles
ont pris le ton ²...   ; que les parades des boulevards
font le meme effet sur le peuple, lui inspire[nt] le mepris
des magistrat[s], peignent le vol come une plaisanterie ;

1. Cette phrase est incomplète : peut-on la compléter ainsi : « A qui
la vertu et le vice sont indifferents » ? C'est bien, je crois, la pensée de
Bernardin.
2. Lacune dans le texte.

enfin des acteurs du s^r Nicolet, il y a 3 (?) ans, se deguiserent en laquais avec des livrees, ordonerent un grand diner pour leur maitres, soi disant chasseurs, et finirent par enlever l'argenterie.

5 *Cour d'honneur.* Ce n'est point un paradoxe de dire que pour detruire les duels il faut les permettre. L'abé de St Pierre trouve fort etrange qu'on permette le port d'arme, ailleurs qu'en voyage, et qu'il y ait des maitres d'armes lorsque les duels sont defendus...

10 On scait ce que les anciens [pensaient], le peu d'estime qu'ils faisoient des gladiateurs pour la guerre ; on me citera Spartacus : mais Spartacus ne s'indigna que pour cela meme qu'on l'avoit avili a en faire un gladiateur, qui tire tout son courage de son adresse.

15 Il n'y a que des moines qui puissent croire que les regimens les plus tapageurs sont les plus braves ; on ne conoit point le duel parmi les Prussiens, ni parmi les Russes, ni chés les Romains ni les Grecs...

Or il n'y a rien de si affreux que de mettre un home 20 vertueux, courageux, entre la crainte d'etre deshonoré par la loi ou par sa nation. Il faudroit donc les rendre permis, et publics. — Mais la religion ? — Mais les loix sont une religion. Elle deffend de plaider, on plaide, on fait la guerre.

25 Au reste sa note [est] tres blamable meme au jugement des homes les plus sensibles... : sur un souflet doné il semble permettre et conseiller l'assassinat. Il se met ici a la place du foible a qui la loi lie les mains, [la loi] qui ne recoit les plaintes que du militaire et du gentilhome 30 [f. 172].

Sur ses ouvrages.

Son *Heloise.* — « N'est ce pas votre histoire ? » — « Ce

n'est pas tout a fait ce que j'ai eté, mais ce que j'aurois voulu etre » [f. 157].

Il ne parloit de Richardzon, auteur de Clarisse, qu'avec enthousiasme. Voulant comparer son Heloise a Clarisse, 5 [il disait] : « Je n'ai fait qu'un tableau ; il a fait une galerie ; quelle beauté de scenes d'apartement. »

Mais en quoi il l'emporte, c'est qu'il n'y a point de scites divers ni de fonds naturels a ses tableaux qui font un si grand effet dans l'Heloise, et partout [f. 123].

10 *Enfans.*

En voyant des enfans jouer sur les gasons des Thuileries, « Voila des gens que vous aves rendu heureux. On a fait ce que vous avés voulu. » — « Il s'en faut bien ! On se jette toujours dans les extremités. J'ai parlé de ce 15 qu'ils ne fussent pas tyrannisés : ce sont eux a present qui tyranisent leurs gouvernantes, precepteurs » [f. 117].

Influence et abus qu'on fait de Rousseau.

Il y a beaucoup de gens qui ont abusé de son education. Les uns voudroient que les enfans fussent vigou-20 reux, et [que] l'education d'Emile [fut dirigée] non pour la vertu mais pour les plaisirs ; ou [d'autres voudraient] avoir son eloquence pour la consideration [qui lui est] attachée, sans penser qu'elle ne naît que des actes vertueux,... que les plus vertueux des homes ont eté les 25 plus eloquens et les moins soucieux de... laisser des ecrits a la posterité, temoin Socrate, Phocion, Brutus, Caton.

D'autres voudroient des Sophies, pour en faire des maitresses ; d'autres aiment les doutes de son examen afin de ne rien croire du tout, et se comparent au b^{on} de Volmar, le plus meprisable des caracteres, s'il ne se convertissoit pas. Mais il a influé toutefois dans ce siecle comedien [f. 149].

5 *Ses ouvrages.*

Le meritte par excellence d'un ecrivain est lors que ses ecrits ont influé sur le bonheur des homes. Volt., avec son universalité, comme nous l'avons dit n'a rien fait ; et, malgré les cris qu'il jette contre les conquetes, il donne
10 tant de louanges aux conquerants... ; le R[oi] de P[russe] et l'Imperatrice de Russie auront-ils fait le bonheur de leurs sujets et de leurs voisins ?

Rousseau au contraire : des reines ont allaité leurs enfans ; un grand roi a apris un metier ; des riches ont
15 cherché a construire des Elisées sous le nom de jardins a l'angloise ; il a adouci l'education des enfans, jusque la que l'Imp. de R. a bani de ses ecoles les chatiments corporels, ainsi qu'il devroit etre fait chés nous. La malheureuse Pologne semble esperer de l'educat. de ses enfans.
20 J'ai conu des libertins reformés par ses divins ecrits : les uns se sont mariés ; d'autres, des officiers, avoient renoncé, d'apres ses ecrits, a l'usage de la viande, et ne s'en portoient que mieux, couchoient sur la dure ; des pretres respectables ont preché dans leurs sermons [ses] eloges
25 du christianisme... : o pouvoir de la vertu jointe a l'eloquence ! [f. 170].

Ses ouvrages.

J'ai conu plusieurs jeunes gens qui se sont abstenus de prendre des etats, voulant se raprocher de la nature ;

mais il n'a pas dit que l'home ne devoit rien faire. Il fait
exercer un metier a Emile ; lui meme en a exerce un.
Certes il ne favorise pas la paresse, car de se faire cultivateur demande du travail et une grande force d'esprit
5 [XXXVIII, f. 25].

Sur ses ouvrages.

Quelques uns ont blamé dans son Emile d'y faire entrer
l'amour comme partie de l'education...
Il est bien etrange que l'educat. publique, nous apre-
10 nant si completement et avec tant de succes a hair, sous
le nom d'emulation, regarde l'amour comme une chose
obscene ; soit : ils ont voulu faire des celibat., et ont
cru qu'il suffisoit de n'en point parler. Toutefois cela
n'empeche qu'on ne le vous montre orné de tous les feux
15 de la poesie, dans Virgile et dans Horace ; mais ce sont
livres consacrés.
Pour moi, voyant le role qu'en ont tiré Lycurgue pour
ses Spartiates et Pelopidas pour les Thebains, j'oserois
plus dans une pareille question, et, pour eviter les incon-
20 venients des Grecs, je voudrois que des ce tems la on
començat d'aimer ; tant les lois de la nature me paroissent
meme eludés dans Emile, car la nature nous inspire des
amours, et les haines sont l'ouvrage des homes [f. 125].

Sur Emile.

25 Sa maniere de proceder, en descendant des principes
aux consequences, lui a fait dire une chose très condam-
nable, et dont j'ai vu les jeunes gens les plus susceptibles
revoltés avec raison. C'est page 323, livre 4 d'*Emile*, dans
une note : c'est au sujet d'un soufflet ou d'un dementi :

«... Qu'est ce qui est a l'abri d'un souflet — qu'on se vante longtemps de l'avoir insulté [1] ! »

Si cette maniere de raisoner etoit juste, il n'y a pas un seul home qui ne [se] soit trouvé dans le cas d'etre insulte ; d'ailleurs ceci peut s'apliquer a la calomnie et a tout ce qui attaque l'honneur, contre lequel nos loix sont insuffisantes. Il faut avouer que cette notte semble conseiller l'assassinat. Pour moi je la crois une des choses qu'il se repentoit d'avoir ecrittes ; elle est d'ailleurs absurde de tout point, et contradictoire a ce qu'il a dit quelques pages plus haut :

« La force du devoir, la beauté de la vertu, entrainent malgrè nous nos sufrages, et renversent nos insensés prejuges. Si je recevois un soufflet en remplissant mes fonctions auprès d'Emile, loin de me venger de ce souflet, j'irois partout m'en vanter, et je doute qu'il y eut dans le monde un homme assés vil pour ne pas m'en respecter davantage. »

Il n'est pas necessaire de la refuter [2]. Quand a ce qu'il dit de l'insuffisance des loix en pareil cas, il se trompe. Pierre le Grand a ordonné qu'en pareil cas l'offenseur serait degradé, le bourreau repeteroit publiquement 2 fois la meme injure sur l'offenseur [f. 160].

Au reste dans les vengeances, si vous pouvés vous venger, ne le faittes pas : elevés vous au dessus de l'offense ou de l'offenseur. On admire la clemence de Cesar : il est aisé de pardoner quand on a la foudre dans ses mains, et son ennemi a ses pieds ; mais, de pardoner a qui ne nous demande pas pardon, a ceux qui sont plus forts que nous ! Si vous ne pouvés pas vous elever au dessus de

1. J'ai cru inutile de reproduire le passage de Rousseau que Bernardin a recopié tout au long.
2. La note, dont il est question plus haut.

l'offense, elevés vous au dessus de l'offenseur ; a quoi
serviroit donc la vertu ? [f. 163].

On lui a doné a juste titre celui d'home de genie. On
a debatu long tems les nuances entre l'esprit et le genie,
5 dont les differences se sentent.

Mais, considerant que l'home a tout recu, il me semble
que l'homme d'esprit est celui qui observe le mieux les
bienseances, epoques, convenances, ridicules de la
societé ; que l'home de genie au contraire [est] celui qui
10 observe mieux les raports, loix, convenances, harmonies
de la nature ; ainsi Homere, Virgile.

L'home d'esprit n'apartient qu'a son siecle ; l'home de
genie a toutes les nations et a tous les tems. Voila pourquoi La Fontaine est, a mon avis, un home de genie, et
15 que Moliere, a qui on le compare, n'est dans la pluspart
de ses ouvrages qu'un home d'esprit.

L'home de genie observant sans cesse la nature, on le
voit penetré de la divinité et des preuves et manifestations
propres [de son existence] ; car, s'occupant de la nature,
20 il est une suitte qu'il s'ocupe et soit frapé de son
autheur ; ainsi Pascal, Bossuet, Fenelon, Homere, Virgile, Corneille, Neuton ; vous voyés briller la divinité
sous ses diverses formes ; ils ont eu plaisir a en parler.

De la les vertus qui [en] sont la suite : simplicité, desin-
25 teressement, franchise, mœurs pures.

L'home d'esprit, occupé de celles de la societé, dont
le mal est la baze ; a la fin [ils] en sont entachés : incon-
sequence, ruse, et bien des vices.

Enfin les gens d'esprit sont... formés par les grandes
30 capitales, et en bon nombre ; les homes de genie par la
solitude, quoiqu'on ait voulu dire a la louange de Paris ;
Homere s'etoit formé dans les iles de l'Archipel ; Virgile
avoit fait ses Eclogues (si cheres au Romain qu'après

les pieces on en recitoit une) dans les solitudes et campagnes de Mantoue ; Corneille [travaillait] dans une petite maison...

L'home d'esprit croit voir dans la nature le desordre
5 qu'il voit parmi les homes ; l'home de genie cherche a metre parmi eux l'ordre qu'il voit dans la nature.

Quand a Vol., l'home d'esprit a fait tort a l'home de genie ; et cela [est] si vrai que par un trait plaisant [il] gate les morceaux les plus touchans de son histoire [f. 159].
10 M. de V. a 2 cas semblables : quand il dit du pape : « Les Francois lui baisent les pieds et lui lient les mains », cette pensée est d'un home d'esprit. Mais Tacite ou R. en eussent fait une pensée de genie, et sublime, seulement en renversant la constr[uction] de la phrase : — Les Fran-
15 cois lui lient les mains, mais il[s] lui baise[nt] les pieds.

— De lier les mains come a un souverain inquiet, entreprenant, c'est ce que chaque nation cherche a faire a ses voisins ; mais il lui baise les pieds ! quel empire ! C'est bien d'une autre consequence ; c'est donc le roi des rois.
20 Il en est de meme lorsqu'il raconte et detruit d'un mot une des positions le plus inquietantes de son hist. de p. l. g. ; c'est lors que le Knès Chovanskoi, après avoir contribué a l'elevation de la p^esse Sophie, vouloit partager le gouvernement, et que Sophie ne vouloit point de par-
25 tage ; ce Knès souleva une *partie des Strelits et du peuple au nom de Dieu.* Chovanskoi, dit-il, ne pretendoit pas moins que l'empire, et, pour n'avoir desormais rien a craindre, il resolut de massacrer et les 2 czars et Sophie et les autres princesses et tout ce qui etoit attaché a la famille cza-
30 rienne. Les Czars et les princesses furent obligés de se retirer au monastère de la Trinité, a 12 lieues de Moscou : c'etoit a la fois un couvent, un palais, et une forteresse, *comme Mont Cassin, Corbie, Fulde, Kempten, et tant d'autres*

ches les chretiens du rite latin... ce monastere de la Trinité apartient aux moines baziliens ; il est entouré de larges fossés et de remparts de briques garnis d'une artillerie nombreuse. *Les moines possedoient 4 lieues de pays* a la
5 ronde. La famille czarienne y etoit en securité, *plus encore par la force que par la sainteté du lieu* [1].

D'abord les 2 reflexions, l'une sur les moines du rit latin l'autre sur la richesse des baziliens de la Trinité, sont justes ; mais elles detournent l'esprit de l'objet principal ;
10 mais le dernier, cet equivoque de respectable « par la force que [par] la sainteté du lieu » fait rire, et ote l'inquietude qu'inspire la situation de la famille czarienne.

Mais, si on renverse la fraze, quelle pensee ! — plus respectable par la sainteté du lieu que par sa force, —
15 car la saintete [est] plus grande, plus sublime, plus imposante aux homes que la force.

Cette pensee [est] meme plus convenable a la verité historique, au caractere du peuple et du tems dont il parloit, et explique l'evenement qui le suivit.
20 N'etoit ce pas un lieu a peindre come tres venerable a des mutins que celui qui renfermoit la famille fugitive et malheureuse des enfans de leur souverain, le patriarche, honoré des presens et des dons des peuples ? Ce n'est pas ainsi que Tacite eut parlé du Capitole.
25 Les Strelits ne vinrent point en faire le siege, eux qui oserent ensuitte attaquer les troupes disciplinés de Shein et Gordon. En vain dit il : une *artillerie nombreuse.* Il devoit y en avoir très peu, s'il y en avoit, car Pierre n'avoit point alors apelé les arts. D'ailleurs, les memes
30 strelits avoient envahi le Kremelin, lors qu'ils avoient

---

1. F. 161. — Cf. Voltaire, *Histoire de l'empire de Russie sous Pierre le Grand,* 1re partie, ch. v.

mis Sophie sur le trone et ses freres ; et le Kremelin que j'ai vu devoit avoir du canon.

Ils etoient fort superstitieux. Il avoue que le patriarche *apaisa* un peu les Strelits : trois mille sept cens des leurs suivis de leurs femes et de leurs enfans se mirent une corde au cou, et marcherent en cet etat au couvent de la Trinité que trois jours auparavant ils vouloient reduire en cendre ; ces malheureux se rendirent devant le monastere portant 2 a deux un billot et une hache. Ils se prosternerent a terre et attendirent leur suplice : on leur pardonna...

Ce ne fut donc point la force, mais la sainteté, les sentiments naturels, la pitié, le respect d'une famille souveraine. On leur pardona, ce qui ne fut pas arivé si on les eut reduit par force : car, dans le combat, on en fit perir des milliers.

Quel effet et quelle coherence eut eté ajoutee a ce morceau en le rendant dans l'esprit et la verité de l'histoire et l'esprit de la nation ?

Mais si l'esprit fait faire des fautes a Vol. contre le genie, lorsqu'il remonte d'une consequence a un principe, le genie en fait souvent faire a R. lorsqu'il descend d'un principe a ses consequences.

[Prenons par exemple] la comedie, qui n'est que l'aplication d'un caractere a divers effets, ainsi le *Narcisse ou l'amant de lui même*. En general il n'eut jamais pu faire une bone comedie. Il se trompe lorsqu'il dit qu'il n'y a pas d'amour de préference, car les animaux en ont ; et il en convient lui même lorsqu'il fait dans sa *Letre sur les Spectacles* [1]... ; et je vois dans le meme lieu un charmant tableau des amours du pigeon ; et [il] dit sur la pudeur

---

1. Il manque là des mots que l'on ne peut suppléer.

des choses tres vraies ; mais alors, considerant l'amour come un besoin phisique dans tous les etres et ensuitte dans l'home, il aplique mal.

Il se trompe, lorsqu'a l'ocasion d'un souflet, il semble
5 conseiller l'assasinat : car ici, considerant l'honeur plus que la vie, il semble que remontant a l'insufisance et l'indiference des loix... [1] « tu m'as oté l'honeur, aucune loi ne me protege, je ne scais point me batre en duel, je t'oterai la vie parce que l'honeur est d'un grand prix ».
10 Mais s'il fut remonté au principe, au lieu d'en tirer une consequence a la manière de son adversaire, il eut vu qu'au defaut de la loi il n'est pas permis de se faire justice. Quand au duel a ordoner, c'est un biais, mais parce que la loi n'a point assés de force, et... c'etoit a son
15 vaste genie a en trouver les moyens ; il est certain d'ailleurs qu'il vaudroit mille fois mieux que les duels fussent permis [2].

Ouvrages.

Esprit et genie.

20   Il me semble que l'esprit est la connoissance des raports de la societe, et le genie celle des raports de la nature.

Quoi qu'on ait defini le genie « qui engendre », de *gignere*, je crois que nous n'avons rien engendré ni pro-

1. Il manque là des mots que l'on ne peut suppléer.
2. F. 160. — Ce morceau n'était pas destiné par B. de Saint-Pierre au parallèle entre Voltaire et Rousseau, mais au chapitre sur les ouvrages de Jean-Jacques, car on trouve en tête de ce passage cette note de Bernardin :
   « Ouvrages, caractère de son génie
« le commencement de ce ch. par l'hist. de son Tasse, comparaison sur Virgile » (f. 161).

duit ; le genie de l'home est passif ; il est vrai que ceux
qui ont imaginé les arts etoient des homes de genie :
Neuton, Homere, Virgile, Fenelon.

Le caractere du genie est de surprendre, d'etonner, en
5 mettant au jour des raports nouveaux ; son caractere est
de plaire a tous les tems et les lieux, parce que la nature
est toujours la meme.

L'esprit, au contraire, n'apercevant que les ridicules
des homes ou leurs usages privés fait rire, n'est propre
10 qu'a un lieu. Les plaisanteries d'un siecle ne sont plus
celles d'un autre. Voila pourquoi nous n'entendons plus
sans de longs comentaires les bons mots et saillies des
Martials, des Plaute, Terence, tandis que les sentences
des philosophes, leurs maximes, sont de tous les tems et
15 de tous les lieux.

Plus la societe se deprave, plus les gens d'esprit sont
comuns, tandis que le genie [est] plus rare, parce que [il]
se forme au milieu des peuples simples.

Le genie se plait dans la solitude, dans la contemplat.
20 de ses loix eternelles. Ainsi Scipion, le 1er Africain,
ainsi les legislateurs qui ont reglé les nations, ainsi
Homere, ainsi les grands peintres...

Homere dans les isles de l'Archipel...

On en a vu aussi comme Virgile ; mais ce fut dans les
25 prairies de Mantoue et les solitudes de Bayes ; Horace à
Tibur ; Rousseau a Montmorenci : il s'etoit fait une solitude au 4e, rue Platrière.

La capitale et les societes forme[nt] les gens d'esprit,
la solitude les homes de genie.

30 Les homes de genie se sont formés dans les provinces,
loin des academies...

Il n'y a pas eu un seul home de genie qui ait eté athée
[f. 168].

Suite du genie.

Personne n'a eu come lui celui de l'observation.

Il y a des objets dont il n'a pas examiné l'influence. Il a bien vu ceux des spectacles sur un peuple qui a des
5 mœurs...

S'il avoit traité des vices de l'education parmi nous, et qu'il eut eté au college, il eut vu de nos seules institutions naitre tous les vices de la societé.

D'abord, des prix donés aux beaux discours ; aucun
10 aux bones actions ; le babil, la vanité. Il l'a dit.

De ce qu'on est mis en pension loin (?) de ses parens [naît] l'indifererence absolue pour sa famille qu'on oublie ; et de la de grands maux, puisque de l'amour de la famille nait l'amour de la patrie, et que pour aimer la France il
15 faut aimer ses parens, ensuite sa nation.

De ce qu'on offre pour objet les grands homes de Grece et de Rome, une parfaite indifference pour les notres : autre raison de ne jamais se soucier de la patrie.

De l'envie de l'emporter nait une soif d'ambition, qui,
20 dans le monde, tourne en haine, calomnie, envie de detruire, enfin en ambition passive, surtout lors qu'on se voit dans le monde sans que rien puisse servir a la fortune.

Dans de jeunes ames douces (?) l'usage de fouetter,
25 introduit par les Grecs du Bas Empire, avilit les courages, les aigrit, rend les ecoliers fourbes, hypocrites, mechans ; enfin de ce que l'education des colleges, ensuitte celle des affaires ou il faut de l'argent, et puis celle que done les femmes, il resulte une inconstance incroyable de ces
30 3 educations, [telle] que si on ajoute le mal que les livres et les opinions en tout genre y aportent, la tete d'un francois est come une mer battue de tous les vents de

l'horison. Cependant le cœur, ne pouvant rien aimer, se
repere, se guise (?), heureux si, se tournant vers Dieu, il
abandone les homes, et si [pratiquant] a son tour la hajne
et ses souterains, il ne se done pour plaisir de faire le
5 tourment des autres, come il[s] on[t] fait le sien, en pas-
sant sa vie a calomnier, medire, suplanter, tromper
[f. 168].

D'Emile.

Sur Dieu.

10 [Voici] une des opinions les plus blamables : il ne veut
pas qu'on parle de Dieu a Emile avant l'age de quinze ans,
tout au plus. Il trouve que la raison humaine doit avoir
toute sa force pour saisir une si vaste idée... D'abord
qu'est ce que la raison ? « Tout le monde a raison » dit
15 La Rochefoucaut ; mais cela se peut-il faire ? Tout le
monde fait la guerre : les puissances, les villes, les corps,
les familles, et nous meme interieurement ; ce qui a fait
produire cet autre axiaume a Hobbes — que l'etat naturel
de l'home est la guerre ; et il faut avouer que l'expe-
20 rience est pour lui. Rousseau a admirablement demontré
que nos emulations de college, nos opinions, sont la
cause des proces, duels, querelles, qui arivent dans toute
l'Europe...
  Quel est donc le point qui peut reunir les homes ?
25 Quelle est donc cette raison qui cause tant de troubles,
d'erreur au dedans et au dehors ? Les animaux, dit on,
n'en ont point : ils vivent en paix.
  Raison signifie raport ou convenance ; dans ce sens les
animaux ont de la raison, car ils ont le sentiment de ce
30 qui leur convient ; quand a la raison des enfans, ils

sentent aussi ce qui leur est convenable ; mais la raison humaine est le sentiment de toutes les autres relations : c'est un don divin accordé a lui seul, surabondament a ses besoins ; jamais un animal ne s'est ocupé du mouve-
5 ment des astres, ni de la culture des plantes, mais sa raison est parfaitte pour ses besoins...

L'home par sa raison n'est qu'un etre plus universel, qui joint, si vous voules, toutes les convenances des animaux. Ce qui le caracterise, et lui est propre, est le
10 sentiment de la divinité ; sans quoi il serait le plus intolerant de tous les êtres, il seroit le tyran de la nature, il n'auroit aucune espece de moralité.

Si le sentiment de la divinité ne venoit que de genéraliser nos idées, tout l'univers seroit dans l'atheisme ; j'ai
15 vu des homes de toutes les nations, des negres de touttes les castes, des plus brutes, des Caffres : je n'en ai pas vu un seul qui ne crut [à] un etre supreme.

La divinité a deux marques : le plaisir et la douleur ; ce sentiment se mele a toutes les passions : dans l'amour
20 on divinise l'objet ; on veut l'aimer eternellement ; on voudroit le faire adorer de l'univers. Dans la douleur [on lève] les mains au ciel, les yeux au ciel ; « O mon dieu ! » est le cri involontaire de tous les peuples. L'home la fait entrer dans ses plaisirs, dans ses douleurs. Un enfant est
25 donc susceptible de concevoir la divinité des qu'il est susceptible de plaisir ; et, si la vue du soleil, de la nature, exalte l'ame du philosophe, je ne vois pas pourquoi l'odeur, la saveur, la couleur d'un fruit ne lui donne[rait pas] l'idee d'un etre bienfaisant qui remplit tout de sa
30 puissance, des qu'il sent qu'il ne peut etre l'ouvrage d'aucun home.

R. est forcé de lui repeter souvent ces mots : « La necessité le veut ainsi » ; il me semble que « Dieu le veut »

seroit plus vrai. — Il sera antropomorphite. — Le grand
malheur, qu'il se fasse Dieu semblable a un home ! Croyés
vous que le Dieu de Neuton etoit le meme que celui d'un
de nos paysans ? On peut le lui peindre sans cesse come
5 le plus aimable des etres ; dites lui que le bonheur de la
divinité est de rendre les homes heureux ; que ceux qui
lui veulent ressembler doivent faire comme lui.

Des cerises, des pomes, et de la creme, peuvent lui
faire un traité de theologie aussi complet et aussi tou-
10 chant que le spectacle du Jupiter de Phidias aux yeux de
la Grèce, et que l'ensemble de la nature a Newton. Je me
souviens, qu'a l'age de   , etant encore au foureau,
une image de St Paul hermite [tomba sous mes yeux] ;
fatigué de mes maitres d'ecole, je resolus de m'en aller,
15 bien assuré qu'un corbeau viendroit m'aporter ma pitance ;
je fis ma priere, je pris le pain de mon dejeuner, et, en
allant a l'ecole, des que je fus au bout de la rue, je gagnai
la porte de la ville, de la dans un bois, ou je me trouvai
le plus heureux des etres ; tout ce qui me fachoit etoit
20 de n'avoir pas mes freres et ma mere. Ne trouvant ni
grotte ni caverne (qui, par parenthese, quoi qu'en dise
ceux qui logent les 1ers homes, sont fort rares par toute
terre), je vecus de bayes de houx, de mures de ronces
que j'aimois beaucoup… Mais le corbeau ne venoit pas ;
25 la nuit approchoit: des gens de la campagne m'ayant vu
furent avertir [mes parents]; on vint me rechercher : ma
mere me dona d'autres maîtres.

C'etoit l'age ou j'etois pur. Je me souviens d'une Notre
Dame des Neiges…; et j'avoue que ce sentiment, d'avoir
30 trouvé des fruits, m'a inspiré souvent une confiance
incroyable. Ce sentiment fait l'ame de toute societe, de
toutte famille, de tout home ; il doit etre le but de toutte
philosophie, le centre de toute vertu, de tout plaisir, de

toute esperance, la consolation de toutte peine ; et, tandis que les raisons de chaque sexe, de chaque peuple, de chaque corps, de chaque age, arme tous les homes les uns contre les autres, celle la seule les reunit.

5 Tout ce qu'on en peut craindre c'est que des fourbes ne tirent a leur superstition lucrative ce sentiment, et qu'ensuite l'esprit [devenant] plus eclairé, la raison ne s'indigne et ne renonce a la fois a toute religion et a toute divinité. Mais pour les gouvernements c'est l'affaire des 10 lois, et pour l'enfant celle du pere...

Combien [ce sentiment] rendra-t-il faciles les premiers actes de vertu ! Combien de malheureux soulagés ! Allés, par le seul amour de l'ordre ou de la necessité, consoler des malheureux ! — « Que m'importe, diront-ils, un 15 ordre qui m'écrase ? »

Les enfants sont donc tres capables de sentir et d'aimer Dieu ; mais [pour] le mal, ils ne sont pas en age de voir que les maux de la nature sont necessaires a nos plaisirs ; qu'il n'y a pas meme un mal venant de la nature qui ne 20 soit un bien, dans le sens qu'il empeche un plus grand mal ; qu'il n'y a que les homes dont les maux sont reels et les biens fort douteux.

Je ne voudrois pas qu'on leur parle du diable. Je desaprouve les formes horibles ou on le represente. J'ai vu 25 un enfant très efrayé de celui de St Marguerite. C'est leur ouvrir un chemin a la peur, aux sorciers. Mais j'en conclus que puisqu'ils peuvent avoir tant de sentiment d'un etre malfaisant, a proportion plus d'un bienfaisant. Ils ne sont pas dans l'age de concevoir que les maux [sont] 30 necessaires aux plaisirs, et que les adversités sont le sel de la table des homes ; mais l'Ecriture nous assurant que son empire a cessé a l'arivée de J. C., je suis etoné [de voir] des theologiens qui le representent agissant, prenant

forme humaine ; au dire des popes et pretres grecs, a qui cette opinion raporte beaucoup, il est repandu dans toutes les isles de la Grece, mais il est banni de tous les pays protestants. Aujourd'hui il ne paroît plus en France parce
5 que nos philosophes et nos parlements y veillent [f. 150].

Emile, profession de foi du vicaire savoyard.

Le 5e livre est ce qui a fait le plus crier de cet ouvrage. Le comencement de ce livre est mot a mot son histoire.
Sur les preuves de la religion, c'est ici ou il se fourvoye,
10 car il ne se trompe plus a sa maniere en descendant des principes aux consequences — mais en remontant, ne trouvant plus d'échellon, ne voyant plus que des temoignages d'homes pour atteindre a J. C., et convaincu de leur mauvaise foi, de leur facilite a etre trompés, il est
15 sur le point de ne point croire du tout. « Que d'homes, dit il, entre Dieu et moi ! » — Que d'homes interessés a ma credulite ! auroit il pu ajouter, car si Pascal a dit : « Je crois aux temoins qui se font egorger », on pouroit dire : — Je me mefie de ceux qui s'enrichisent. — Cet
20 argument a ete vivement poussé par St Bernard et par plusieurs peres de l'Eglise, dans des siecles ou sa richesse n'etoit pas comparable. Mais c'est l'affaire du gouvernement d'empecher que le pretexte [du] bien des pauvres ne fournisse[1] au luxe du clergé, et d'obliger ceux qui
25 prechent l'Evangile de le suivre : sans quoi la France aura le sort de l'Italie, de la Grece, et de la Pologne, ou l'avidité des pretres s'est emparée de tout le temporel.
Quand a la religion, il en desire des preuves surnaturelles, et il n'en voit pas ; mais la dispersion des Juifs,
30 et le deluge sont 2 preuves bien fortes du Nouveau et de

---

1. Dans le mss. : *fournissent.*

l'Ancien Testament. De quelque maniere qu'on explique le deluge, dont la tradition [est] repandue par toute la terre, il ne peut l'etre... par le mouvement de rotation ; jamais les montagnes de coquiles, de marne, de sable [1].
5 Auquel cas il faut suposer que les eaux de la mer se sont evaporées : la mer n'a pu former les montagnes qui sont au desus de son lit. Quand Moise parle des eaux superieures, il y en a qui croient qu'il y a des reservoirs d'eau au dessus du globe ; mais la phisique de Moise
10 [est] plus vraie qu'on ne croit : il y a un ocean d'eau nageant perpetuellement dans l'air, et si on y joint les glaces sans cesse acumulés, dont les 2 poles du monde sont couverts, dans des espaces grands come l'Europe, et dont Cook nous a doné de si teribles descriptions, avec
15 celles qui couronent les somets des montagnes, toutes ces eaux rentrés dans l'Ocean on[t] pu le faire deborder ; mais l'equilibre rempli, et loin que la mer quitte la terre, c'est plutost la terre qui devroit rempli[r] la mer, et la faire deborder ; car les ports [2] ne sont que des alluvions. Et
20 si la mer avoit baissé dans la Mediteranée au point de quitter le port de Joppé, elle eut du abandoner les autres ports de la Mediteranée, ce qui n'est pas arivé pour les lieux maritimes, les memes que du tems des anciens. L'eau n'auroit pu baisser dans la Mediteranée qu'elle n'en eut
25 fait autant dans l'Ocean, par le niveau des fluides....

Quant aux Juifs, c'est une chose tres merveilleuse que, suivant la remarque de Bossuet [3], les Juifs subsistent sans lois, sans gouvernement, en nombre si considerable qu'il n'y a peut être aucune nation si repandue : elle fait
30 le tiers de la Pologne. Cet etat de dispersion, de souffrance,

1. Lacune.
2. Un mot illisible.
3. Deux mots illisibles ; on croit lire : « Tant de peuples ayant disparu. »

de haine universelle et de durée, d'attachement a sa loi, est une merveille en politique, et une preuve de l'Ancien Testament aussi repandue que le deluge.

Il est vrai que R. trouve une belle preuve ; c'est que 5 l'Evangile parle au cœur ; on peut ajouter qu'il parle a toutes les situations, a tous les etats [f. 163].

Jugement sur Emile.

Touttes ses reflexions sur le danger des colleges, sur l'emulation, les vaines jalousies, sur les fausses, dange-
10 reuses, et vaines lumieres qu'a cet age on nous met dans l'esprit, sur le vice qu'on nous plante dans le cœur, sur tout cela... ses observations sont de la plus grande vérité. Mais voyés la verité de ce que nous avons dit sur le genie qui l'egare : car, remontant toujours aux sources,
15 et considerant d'une part l'universalité de l'Etre Supreme et de l'autre les idées bornées de l'enfant, il ne croit pas qu'avant 14 [ans] cette idée puisse entrer dans sa tete ; mais, s'il s'etend dans toute la nature, il y descend aussi ; si dans l'ensemble des mondes, aussi dans la conposition
20 d'un fruit, d'une fleur ; si dans le bonheur celeste aussi dans les plaisirs des sens. Joignés a cela qu'etant protestant, et sa religion excluant les images dont les enfans sont si ravis, et si propres a les faire naître [1], les enfans sont très capables d'idées religieuses : les jeunes martirs, les jeunes
25 Lacedemoniens qui enduroient d'etre dechirés sur l'autel de Diane ; ne se rapelle-t-on pas les enfans qui se croiserent ? Pourquoi ne pas faire naitre avec la vie une idée qui la soutient, lui qui attribue avec tant de raison un si grand pouvoir à l'habitude ?

1. Il y a là une idée sous-entendue.

Pour moi je voudrois qu'on leur parle de Dieu des qu'ils comencent a jouir de la vie ; que, cette verite etant dans le cœur avant de l'etre dans l'esprit, des qu'ils sont capables d'aimer, de distinguer ce qui leur nuit, qu'on en joignit l'idee avec tout ce qui peut etre agreable... Mais voiés un grand point : c'est que les idées de Dieu ne tournent jamais au profit d'un ambitieux, d'un fripon, d'un superstitieux.

Combien l'idée de Dieu peut les rortifier contre les frayeurs nocturnes !...

Il faut aux enfans des signes sensibles ; que n'avons nous un Capitole come les Romains, ou une ville sainte come les Juifs ! Combien [serait utile] un point qui reuniroit l'imagination de tout un peuple ! Nos centres sont trop divisés... Je me souviens d'une Notre Dame des Neiges ou tout petit j'allois l'eté.... [f. 158].

Plus on est mecontent des homes, plus on se raproche de Dieu ; et c'est la ou Dieu nous attend.

Je ne voudrois pas qu'aucune idée agreable entra dans leur sens sans y faire entrer celle de la divinité : un enfant cherche des fraises : « Faisons des fraises. » — « Je ne peux. »

— « D'où vienent-t-elles ? » — « La terre les produit »
— « Voila de la terre, de l'eau, du soleil : faites des fraises ! »

Les enfans aiment les histoires merveilleuses, et il n'y en a point de plus surprenante que celle de la nature.

On pouroit leur en donner l'idée [1], parler a leur sens par des saveurs agreables, aussi bien qu'a leurs yeux par les images.

On pouroit leur faire naitre les idees de comiseration

1. De Dieu.

et de vertu, en leur faisant voir que de faire le bien est une imitation de la Divinité.

La Fontaine a dit : « Cet age est sans pitié » ; il a parlé des enfans de l'ecole : tourmentés, ils tourmentent; battus, 5 ils battent. L'enfance est sensible. Je me souviens d'avoir vu un enfant ches un suisse pres du feu. Sa petite sœur mettoit les pates de son casaquin a son chat ; le petit frere, a chaque effort qu'elle faisoit, la douleur se peignoit sur son visage. J'observai que l'enfant etoit malade, 10 et la sœur bien vigoureuse.

Etant enfant, je prenois et achetois des oiseaux, souvent sauvages ; je les faisois manger de force : jamais ils n'avoient mangé, à ma fantaisie ; la nuit venue, je les mettois coucher avec moi ; de peur qu'ils n'eussent froid, 15 je les tenois dans mes mains : en me tournant dans mon lit, je les etouffois, et, quand je les voyois aplatis, je pleurois [f. 158].

Un jour de grande gelée nous voyons dans la cour sur les fenetres du chateau, entrés sous le vestibule et dans 20 les chambres, des sansonets, des charderonets, des rouges gorges, des pinsons ; voila Emile : « Ah ! prenons des oiseaux. » — « Qu'en ferés vous ? — « Oh ! Je les mettrai dans des cages. » — Nous en prenons : l'oiseau prisonier refuse de manger, et meurt, ou il finira par 25 l'etouffer. Je leur jette du pain, des grains de mil ; nous les voyons s'evertuer, et prendre le pain de nos mains : oh ! il est enchanté : « D'ou vienent ces oiseaux ? » — « Il n'y a pas d'enfans qui ne scachent trouver les nids dans la campagne : ils etoient dans des saules, dans des buissons, 30 dans les bois, dans la prairie. » — « Et pourquoi l'eté ne venoient ils [pas] ici ? » — « Oh ! Il y a assés a manger, assés de graines : ils mangent des *mures*. » — « Mais pour quoi [n'en mangent-ils] plus ? » — « Nous

avons tout ramassé : le foin des prairies, les moissons des
campagnes, les fruits du verger, jusqu'aux glands ; il n'y
a point d'economistes si soigneux que nous : nous ne
leur avons rien laissé. Ils vienent nous dire : « Vos
5 granges sont pleines. » — « Mais qu'est ce qui avoit semé
leur grain ? » — « Mais c'est le bon Dieu ; c'est lui qui les
nourissoit : c'est donc a l'home a les nourir. » — « Pourquoi ne s'adressent-ils pas a votre chien pour avoir de
quoi vivre ? » — « Ah ! Je vaux mieux que mon chien. »
10 — « Et pourquoi ? » — « Parce que vous pouvés faire
du bien. Si c'etoit des cerfs, des faisans, qui mangent les
bleds, des lapins ; mais les musiciens de nos bocages !
nous nous gardons bien de les tuer. »

Mais voila les oiseaux aprivoisés : des qu'on l'aperçoit,
15 les voila qui vont a lui : ils lui prenent du pain de la main.
Voila un autre spectacle : voila une suite d'autres
animaux, pales, tereux, defaits, demi nus, en haillons :
« Qu'etes vous, mes bones gens ? » — « Des enfants des
vignerons, des faucheurs, des terrassiers ; nos peres sont
20 malades ; je n'avons point d'ouvrage. » — « Voila ceux
qui ont ramassé le vin, votre bois et votre bled ; nous
n'avons rien laissé. » — « Dieu se charge, l'eté, des
oiseaux. » — « Oh ! nourissés les oiseaux ; moi, je nouris
les homes. » — « Oh ! voila mon gouté. » Emile
25 pleure : « Je n'ai rien a leur doner. » — « Merités de
soulager un jour les malheureux ! » Les petits garcons,
avec lesquels il se battoit, quand ils lui voyent de la
deference, du bon cœur, lui aportent des nids. Ah ! qu'il
est heureux de regner sur le cœur des homes ! L'home
30 qui fait du bien ressemble a Dieu [f. 158].

VIII

DES OUVRAGES QU'IL AVOIT VOULU FAIRE QU'IL A LAISSÉS IMPARFAITS [f. 128].

Des ouvrages qu'il avoit voulu faire,
qu'il a laissés imparfaits.

Le Levite.
Des morceaux du Tasse.
Des lecons de botanique : ses formules.
Daphnis et Chloe.
Des morceaux de Jeremie, en musique.
Une nouvelle musique du Devin de Village.
Une continuation d'Emile, comencée.
L'histoire du general Keit.
L'histoire de la maison de Medicis.
Un Traité de la Vieillesse, n'etant pas content de celui
de Ciceron ; un sur l'Adversité.
Une tragedie de Lucrece ; scenes de la Pucelle.
Une societe heureuse par les loix de la nature et les
loix du gouvernement : l'Arcadie.

———

Independament de ces ouvrages, il en a laissé quelques
uns de manuscrits, d'autres imparfaits, d'autres qu'il a
voulu traitter :

1° Un poeme en plusieurs chants, en prose, contenant
l'avanture du Levite, qui part de   ; ses amours ;
des tableaux de danses charmantes ; des images, les plus
riantes et les plus terribles... ; des images patriarchales :
« Ou est le tems, dit-il, ou je te rechauffai dans mon

sein come une colombe, ou je te faisois boire dans ma coup[e] ? »

Des images terribles ; lorsque sa malheureuse epouse, tombée les bras sur le seuil de la porte, la fureur s'em-
5 pare de lui : il prend le cadavre de sa feme, ou [apparaissent] les violettes de la mort ; il separe la tete du corps, il coupe la chair avec les os. Il avoit fait cette ouvrage, etant fugitif en Suisse, dans le tems de sa vie ou son ame [était] la plus melancolique.

10   2º Des morceaux du Tasse, rendus litteralement, qui m'ont paru d'un charme infini, par leur exactitude ; Sophronie et Olinde (sic) ; il desire beaucoup, il espere peu, il ne demande rien. Il reprochoit d'autre defaut a la traduction de Mirebeau (sic) ; d'avoir craint de tomber
15 dans les concettei, reprochés injustement par Boileau au Tasse, la precision n'etant jamais antithèse.

3º Des leçons de botanique en forme de lettres. Il me les avoit promises, a condition que je les copierois. Il en avoit lu la 1re : elles sont adressées a une mere, sa
20 parente, qui veut, dans l'age des passions, procurer une diversion a sa fille. Elles m'avoient plu par leur clarte, leur ordre, leur simplicité ; mais une chose tres ingenieuse qu'il avoit imaginée, etoient des formules botaniques, pour caracteriser chaque plante. Les botanistes
25 emploient une frase tres etendue pour designer chaque plante ; [lui, il indiquait] d'abord le genre, l'espece, la famille, le nombre des antheres, celui des petales, la feuille de la plante, au moyen de 8 ou 10 caracteres ; et j'avois pensé que de pareilles idées pouroient s'apliquer
30 aussi heureusement aux sciences, par exemple aux cartes de geographie pour y exprimer les vegetaux, les animaux de chaque latitude, les especes d'arbres, ...ou sont les mineraux ; et cette idée m'étoit venue, il y a long tems,

en voyant en Russie des cartes turques ou, par des signes, ils expriment la quantité d'homes de chaque ville et de chaque village... Mettre ici tout ce qu'il pensoit sur la botanique [f. 128].

5   *Sur la botanique.*

Il avoit imaginé quelque chose de très ingénieux : c'etoient des formules botaniques pour exprimer le caractere des plantes : par exemple la feuille par un signe : si en cœur, un cœur. Les petales par un autre ; les 10 antheres par un autre ; de sorte qu'au moyen de 8 ou dix caracteres il exprimoit la description d'une plante que plusieurs lignes n'auroient pas decrit [f. 109].

Il accrochoit son chapeau a sa poche ; sa feme meme l'avoit cousu, parce qu'il perdoit tout, me disoit-il ; une 15 loupe, avec un microscope a lentille, excellente, doné par le prince de Conti ; une boite de fer blanc pour metre les plantes ; un petit louchet de fer blanc ajusté avec une serpette de meme, qu'il agençoit au bout de sa cane pour atraper les plantes ou il ne pouvoit atteindre, 20 a travers les palissades du bois de Boulogne. « On va dire que je prends des lapins » [f. 122].

                 Eloge de là botanique.

Ce n'est pas parce que c'est une science de heros qu'Achiles, Hercules, etc. 25 Elle embellit les lieux les plus sauvages et les plus apres, puisque c'est la ou la nature fait croitre [les plantes] les plus curieuses ; elle adoucit et charme les passions en y faisant naitre les plus douces images, pourvu toutes fois qu'on ne veuille pas etre botaniste, car alors le vice de notre education, l'emulation, viendra empoisonner les joies du cultivateur et de ceux qui l'ecoutent.

C'est la plus douce des theologies, un livre que les homes ne peuvent alterer, un livre universel, plein de
5 pensées ingenieuses, bienfaisantes, misterieuses (?), sublimes. Il me faisoit remarquer le mouron et des graines semblables qui se ressement plusieurs fois par an, nature ayant multiplié les subsistances a proportion de la faiblesse des animaux ; que c'est une science pleine
10 de plaisirs, infinie, dont le comencement est partout et la fin nulle part, qui offre mille combinaisons [f. 169].

Regardoit l'etude des plantes come pouvant doner aux arts, aux peintres, aux ecrivains, le secret de toute eloquence... ; un dessinateur devenu par ses conseils le plus
15 habile de Lion, pour avoir etudie la botanique [f. 139].

« Que le travail, disoit il, est un present bien divin ! » Dans la botanique il s'etoit arreté a cette seule partie de l'histoire naturelle ; meme, dans les plantes, ne se souciant [pas] d'etudier leurs vertus : « La ou la science du
20 botaniste finit, celle de l'apothicaire commence. » Un jour, au bois de Boulogne, come je deterrois des glandes de filipendule, il s'assit et se mit a fouir en me disant : « Je veux avoir ma part. »

De quelle utilite pour des officiers en garnison, pour
25 des femes. Il me disoit : « Elles se livrent a la chimie, a la metallurgie, très inutiles, très dispendieuses ; la botanique [est] si douce. C'est une science de paresseux et de voluptueux » [f. 103].

Sur la botanique.

30 Il me disoit : « Vous ne vous en souciés pas. » — « Je n'ai pas de memoire ; je ne scaurois mettre dans ma tête

ce qui n'est pas dans mon cœur. Coment me retrouver (?) dans tant de noms ? J'aime a ignorer pour aimer. J'aime beaucoup a vous en entendre parler. » — « Hier, me dit il, par le chaud qu'il faisoit, j'avois ce gros livre la dans ma poche. Vous ne vous [en] seriés pas soucié par le chaud qu'il faisoit. » — « J'en aurois bien fait autant ! Voila qui est bien aisé ! J'aimerois mieux l'avoir dans ma poche que dans ma tete. » Il me dit : « Et c'est pour ne le pas avoir dans ma tete que je l'ai dans ma poche. »

Cependant j'aprenois peu a peu a conoitre les corolles, les petales, les antheres et a les classer ; mais, de retenir les noms, fort difficilement.

Il me disoit : « C'est une science de paresseux [1] ; si vous voulés, nous irons après midi ; mais je vous declare que nous cueillerons. » ...Il me faisoit des compliments pour [m']encourager et me disoit qu'on peut etre grand botaniste sans scavoir un mot de botanique.

« Scavés vous la différence qu'il y a des paysans d'Angleterre a ceux de ce pays ci ? Quand j'herborisois, ils venoient me demander : « A quoi sert cette plante ? » Ceux d'ici [me disent :] « Ah ! C'est telle chose ; cela sert à tel. » Ceux ci veulent instruire, ceux la cherchent toujours à s'instruire » [f. 117].

Il les conoissoit bien [2] : un jour, au pré St Gervais, en herborisant, un pauvre berger mendiant nous montra une plante : « Il y a toujours quelque chose qui rabat l'orgueil du maître : des 15 cens plantes des environs de Paris il n'y en a pas une seule que je ne conoisse excepté celle la. » Il la prit et fit la moue [f. 143].

« Mr de Jussieu, dit il, conoissoit toutes les plantes

1. Cf. f. 104.
2. Les plantes.

du Jardin du Roi, mais pas une de la campagne »
[f. 141].

La botanique etoit pour lui un amusement plus qu'une
etude [f. 145].

5 Il vouloit, avec raison, qu'on aimat les choses pour
elles memes. Un jour, une très aimable dame, chés lui,
avec son frere, lui dit : « Vous vous occupés de botanique : aparament vous nous en donerés un traité. » —
« On croit, dit il, qu'on ne s'aplique aux choses que pour
10 en doner des lecons. Je cultive la botanique pour la botanique meme » [f. 120].

Il portoit la moralité jusqu'a ne pas ceuillir dans un
pré une plante seule, encore que curieuse, afin que
l'espece ne s'en perdit pas [f. 167].

15 [4°] *Daphnis et Chloe, musique.* — Il y a des gens graves
qui lui reprochent d'avoir fait des operas. Mais dans un
pays ou l'amour des femes et la galanterie met tout en
chansons, n'est ce pas bien a lui d'avoir cherché a ramener a l'amour inocent et legitime par les charmes de la
20 musique ? Si les familles sont de petites patries, l'amour
conjugal en est la baze. Un des homes de l'antiquité le
plus vertueux, fut formé par Thalès. Lycurgue lui per-
suada de venir a Sparte. « Ce Thales, dit Plutarque, faisoit tout ce que pouvoient faire les meilleurs et plus
25 suffisans gouverneurs et reformateurs du monde, car ses
propos etoient de beaux chants, auxquels il prechoit et
admonestoit le peuple de vivre en union et concorde
les uns avec les autres, etant les paroles acompagnées de
chants, de gestes, et d'accens pleins de douceur et de gra-
30 vité, qui secretement adoucissoient les cœurs felons des
ecouteurs, et les induisoient a aimer les choses honestes. »
Dans un pais donc ou l'amour a tant de pouvoir de ramener les homes aux images (?) champetres et naturelles,

de leur faire aimer a la fois les champs, les laboureurs, les unions legitimes, n'est ce pas apliquer le remede ou est precisement le mal ? Il n'a point pris pour son sujet quelque divinité, car il est plus aisé a une fille de faire
5 la deesse que la bergere [f. 128].

L'opera de Daphnis et Chloe, en 3 actes, d'apres le roman de Longus traduit par Amyot. — Il en a fait la musique de 2 actes ; les paroles ne sont pas de lui : un de ses amis les avoit faites a sa fantaisie.

10 « Pourquoi n'avés vous pas fait les vers ? » — « Je suis trop vieux. » — « Anacreon, plus agé que vous, en a fait de charmants. » — « Quelle difference ! Il a vecu dans les plaisirs, et moi dans le chagrin. » Il m'en a recité des morceaux charmans que j'estropierai, come
15 tant d'autres choses qu'on retient d'une conversation.

« Chloe dort : je n'ai jamais rien fait qui m'ait tant fait de plaisir que la musique qui invite Chloe au someil. Ses moutons paissent auprès d'elle ; l'arivée de Daphnis son amant est anoncée par ses moutons, qui, des qu'ils
20 apercoivent ceux de la bergere, viennent se joindre a eux. » — « Voila un effet theatral charmant, lui dis je, mais difficile a executé. » — « Fort aisé, dit il : il n'y a qu'a prendre les moutons de Daphnis et de Chloe dans le meme troupeau. » — « Oh ! je me trompe ! » —
25 « Daphnis invite les vents a se taire : — ruisseaux, coulés doux... — Dans les empressements du berger la... musique reveille Chloe ; Chloe, fachée contre Daphnis, de ce que dans les vendanges il a paru l'oublier : elle lui reproche ses familiarités avec les vendangeuses ; Daphnis,
30 jaloux, les caresses des vendangeurs. Enfin Chloe lui dit qu'il ne l'aime point ; elle exige de lui un serment. Pres de la est la caverne des Nimphes : la musique pastorale, les musettes, les hautbois, les chalumeaux, tout annonce

l'eclat de cette ceremonie ; Daphnis jure par Pan gardien
des troupeaux ; Chloe n'est pas contente du serment :
— Pan, dit elle, se moquera de [ces] sermens, c'est un
dieu volage : il a aimé Sirinx et tant d'autres ; jure moi,
5 lui dit elle, par ton belier cheri, par ton troupeau favori.
— Daphnis fait le serment : puissent ces vallons perdre
a mes yeux leur beauté printaniere, puisse ma flutte
perdre pour moi sa douceur premiere... — Chloe est contente. Daphnis lui dit : tu m'a cru infidelle : j'ai jure ;
10 mais toi seule est coupable d'avoir douté de mon amour.
— Ce sentiment, fin et delicat, est renferme en 4 jolis
vers. » — Je lui dis : « Oh ! ceux la sont de vous ! » — Il
me dit : « Cela est vrai [1]. »

Sur ses ouvrages.

15   Sa morale est pure ; il ramene, dans Daphnis, du vain
eclat de la grandeur a l'amour champetre. Il fait aimer,
adorer la nature par des sons si champetres ; quand elle
lui dit

> Pour l'amour de l'infidelle
20 > J'ai refusé mon bonheur :
> J'aimois mieux etre moins belle,
> Et lui conserver mon cœur,

quel sentiment profond, delicat, sous une expression
simple !
25   Tout sert a reformer les homes. Lycurgue imagina
les chansons ; combien leur pouvoir est grand ! Qu'ils
etoient redoutables, allant a l'enemi au bruit des instruments, chantant l'hymne de Castor, l'hymne de la frater-

---

1. F. 151. — Aimé Martin a reproduit ce passage en le modifiant,
p. 433, col. 1.

nité ! Solon et tous les legislateurs ont employé ces moyens [f. 157].

5° Il a fait des Lamentations de Jeremie, très touchantes, qu'il me joua sur son clavecin : *quo modo facta est vidua civitas*, une musique pleine de sanglots... [f. 151].

Trait de Rachel. — Beauté de l'Ecriture Sainte. — Ses romances angloises [f. 128].

[6°] Une nouvelle musique du Devin du Village, qu'il ne m'a point montrée [f. 151].

Il l'avoit fait d'après l'invitation de Fontenelle. — « Vous avés filé l'or et la soye. » On en a retranché des ballets charmants : une fille en pantomine y joue ; un petit maitre lui vient presenter des rubans.

A la fin on vient presenter un berceau a la mariée, suivant l'usage de la Suisse : idée charmante [f. 128].

[7°] Une continuation d'Emile, dont il m'a lu le commencement [1] : Emile, obligé de s'absenter, trouve a son retour Sophie infidelle ; pour dissiper son chagrin il voyage ; il arrive dans un port de Provence ; de la, fait prix avec un patron de vaisseau pour le conduire en Egipte, ce patron conait toutes les Echelles, et vante beaucoup son habileté ; ils partent. Ils apercoivent un vaisseau qui les suit : a sa manœuvre Emile soupcone que ce pouroit etre un corsaire ; le patron se moque de ses inquietudes. Emile insiste, veut qu'on arme les gens du vaisseau : l'equipage sur l'ordre de son chef reste tranquile ; Emile s'arme seul d'un sabre. Le vaisseau aborde : c'etoit un corsaire d'Alger. A certains signes, a la joye du Cap[itaine], Emile juge qu'il est trahi ; il s'aproche du patron, lui fait voler la tete d'un coup de sabre. Le capitaine corsaire lui confirme qu'il est trahi, et que son

---

1. « Il aimoit les Espagnols, et faisoit jouer à [l']un [d'eux] un grand role dans la continuation de son Emile. » [f. 145].

patron l'avoit vendu ; on le met aux fers. Ils arivent a
Alger ; le Bey, instruit de l'action d'Emile, l'estime de
s'etre fait justice, lorsque les lois la lui refusent. Emile
gagne sa confiance ; il l'interesse par les vives descrip-
5 tions qu'il lui fait des arts et de la police de l'Europe. Le
bey l'ecoute sans rien repondre. L'après midi il le meine
dans ses arsenaux : « Tu dis que nous n'avons point de
machines a forer les canons ; nous n'en avons pas besoin.
Les europeens en font pour nous. » Il lui montre des
10 canons aux armes d'Angleterre, de France, et d'Espagne :
« Vos espions, votre ordre hierarchique pour maintenir
la tranquilité, [sont inutiles ; il] suffit ici dans une sedi-
tion [que] je me montre seul et tout s'apaise. Chaque
pais, chaque nation, a un autre ordre de gouvernement. »
15 Le Bey done la liberte a Emile. Le souvenir de l'Europe
[restant pour lui] plein d'amertume, il voyage a pied et
sans argent a travers l'Affrique ; ses observations, ses
conaissances dans les arts et dans la nature, le font cherir
de tous les nations sauvages chez lesquelles il passe. —
20 Et, de fait, j'ai vu un boulanger riche, a Petersbourg,
qui s'en alloit a Tobosck ou a Constantinople, a pied,
traversant les hordes de Tartares, aux femes desquels il
aprenoit a faire du pain françois. — Emile aprend par des
gens de mer qu'il y a une isle deserte ou [existe] un
25 miracle perpetuel : sur le rivage est une grotte ; dans
cette grotte une statue de la Vierge : dans cette grotte [on
trouve toujours] des rafraichissemens. Il s'y fait conduire ; il voit le miracle. Resolu de rester dans l'isle, il y
subsiste de la peche et des fruits qu'il trouvoit tous les
30 jours [dans la grotte]. Cependant l'interieur de l'isle etoit
inaccessible. Au bout de quelques jours il voit venir a lui
un home agé avec des paniers : (?) Emile va a lui ;
l'etranger lui parle espagnol ; il lui aprend que des cha-

grins lui font chercher la solitude : « Suivés moi » dit l'etranger ; il le meine par des chemins affreux, de rocher en rocher, avec une echelle, jusque dans l'interieur ; là [se trouvent] un jardin charmant, une petite maison, des
5 vergers, une jeune fille charmante, de 15 ou 16 ans ; l'Espagnol lui aprend qu'en allant avec sa famille sur un vaiseau, la tempete l'a brisé sur cet isle, ou, seul, il s'est echapé ; il n'a pu sauver que sa fille, encore enfant, par l'intercession de la Vierge dont il portoit l'image. Las du
10 monde et des vicissitudes de la fortune et des homes, il est resté ; il a decouvert l'interieur de l'isle. Avec des graines et des outils il a enrichi son hermitage de tout ce qu'il voit. Il a placé la statue de la Vierge dans la grotte, pour etre, aux vaiseaux qui vienent y mouiller et
15 y pecher de la tortue, un recours dans les dangers ; content de faire aux homes du bien de loin, des qu'il voit un vaisseau a l'horison faire route vers son isle, il met dans la grotte des paniers de fruits. Les matelots les regardent come un effet miraculeux : en reconaissance
20 ils y mettent des offrandes dont il profite a son tour.

L'Espagnol, de plus en plus content de son hote, lui dit : « Je ne desire qu'une chose c'est de voir ma fille mariée. L'adultere rend les mariages nuls. » Emile se regarde comme libre ; il epouse la jeune Espagnole. Le
25 pere meurt au bout de quelque tems. Il vit seul. Un jour que descendu des roches pour pecher, [il était] sur les rivages de l'isle, il entend des concerts a 4 parties : il apercoit une figure d'une jeune feme habillée de blanc : il croit que sa tete se derange ; il trouve sa feme occupée :
30 il ne lui ose parler. A quelques jours de là [il entend] le meme bruit : il voit au loin une feme en bleu celeste,

23 En interligne : Notés qu'en Pologne les mariages se renouvellent.

dans les rochers ; il la suit, mais, come le chemin [est]
fort grand, [il la perd de vue]. Quel est son etonement
de voir une en jaune, dans la partie oposée ! Il croit
que ses maux ont alteré sa raison, ou quelque effet
5 magique ; enfin sa feme se met a rire, et lui dit que c'est
elle qui, pour s'amuser, et, inquiette, veut le distraire,
sensible a son amour ; elle a des etoffes de la grotte en
quantité ; elle a remarqué des echos ; elle en tire partie,
tantost avec une guittare ; tantost elle y joint la voix ;
10 tantot un luth. Pendant qu'ils vivent tres heureux, on
voit un jour ariver Sophie. Sophie, malheureuse depuis
sa faute, cherche Emile par tout ; elle passe aux Indes... ;
elle se fait conduire [à l'ile]. « Je viens, dit elle, pour
expier ma fautte, vous servir le reste de ma vie. » L'Es-
15 pagnole entend Sophie, elle dispose [tout], le soir, pour
une fete ; des aprests de noces ; le lit nuptial paré.
« Sophie, dit l'Espagnole a Emile, est votre 1re epouse ;
son repentir, et ses droits sont plus sacrés. » Emile, combattu par l'amour tendre de la jeune Espagnole, par le
20 repentir de Sophie, les dangers qu'elle a courus, le combat entre ses deux epouses, imite les patriarches, et, forcé
par la necessité, les epouse toutes les deux. Jamais Emile
ne lui parle de sa faute. Sophie meurt, toujours triste
[f. 151].

25 Apres la mort de Sophie Emile trouve une lettre qu'elle
a laissée : le monde a perdu Sophie ; une feme riche,
jalouse de sa vertu, forme la resolution de la faire sucom-
ber ; elle habitoit un chateau dans son voisinage : elle
lui rend visite, la loue, la flatte. — Pendant l'absence
30 d'Emile, [elle] lui propose de se venir distraire en son
chateau : il est solitaire, tel qu'[il] lui convient ; elle vit
elle même [comme] une feme très retirée. Une petite
bibliothèque dont les livres [sont ainsi] disposés ; les

1ers parlent de vertu, les [suivants] de sentiment, les autres
d'amour, jusqu'aux images les plus capables d'allumer
les sens avec les estampes et tout ce que le vice de la
capitale [a pu imaginer] : la table, les aleines (?) aphro-
5 disiaques, les vins préparés, des bosquets enchanteurs ;
un jeune home d'une figure charmante, plein de
talens,... malheureux pour avoir aimé ; Sophie, emue par
le recit fait de sa passion, le console ; le tete a tete, et les
circonstances reunies, achevent de perdre Sofie ; pour
10 que rien ne manque a sa honte, prevenue du retour
d'Emile, elle 1 dispose sa route a travers le parc de
maniere qu'il est lui meme témoin de sa perfidie. —
Regrets de Sophie.

« Ce sujet, dit il, est utile : il ne suffit pas de preparer
15 a la vertu, il faut se garantir du vice. Les femes ont
encore plus a se mefier des femes que des homes... La
faute de Sophie est plus instructive que sa sagesse, et son
repentir plus touchant que sa vertu » [f. 156].

Il voulut m'engager a traiter ce sujet, en me donant et
20 le plan et ce qu'il en avoit fait. J'y trouvai plusieurs
difficultés ; la 1re : les choses qui sont contre nos meurs...
Mais le [second mariage] n'est pas contre notre religion,
puisque j'ai vu en Pologne beaucoup de mariages rom-
pus dont les maris et les femes epousent d'autres femes
25 et d'autres maris. Quand a les epouser toutes 2 a la fois
c'est dans l'ordre des patriarches. D'ailleurs la necessité
les y contraint ; mais [il y avait] une forte raison
[contre] : je lui dis : « Sophie infidelle ! Moi qui croyois
trouver une Sophie ! A quoi sert, dira-t-on, tant d'aprest,
30 tant d'education ? D'ailleurs toutes les continuations dans
tous les genres sont manquées. Je n'ai point votre style :
ce seroit de deux couleurs. » Il me dit : « Le votre me

1. Son ennemie.

convient », et me dit des choses honetes. Je lui dis : « Il
m'est impossible; vous m'avés engage a en traiter un
autre bien plus agreable. » — « Cela n'empeche pas. »
— « Oh ! ma tete, ma santé ne peut y suffire » [f. 151].

5   Il s'etoit propose de traitter plusieurs sujets, a mon gré
plus importans que ceux qu'il a su mener (?) avec tant
d'eloquence.

L'histoire de la maison Come de Medicis, grand duc
de Florence ; il ne trouvoit rien de plus beau que l'his-
10 toire d'un citoyen qui s'etoit elevé sur le trône par ses
bienfaits.

Il avoit voulu faire aussi l'histoire du general Keit,
tué en Prusse a la bataille de Prague (sic), auquel le roi
de Prusse a dresse une statue ; (j'ai vu dans les eglises
15 les portraits des officiers tués dans la derniere guerre). Il
en parla a son frere, Mylord Marechal, afin qu'il lui fournit des memoires, car la Prusse est pleine de héros a
qui il ne manque que des historiens. George Keith lui
repondit avec son laconisme ordinaire : « L'histoire de
20 mon frere est faitte en 4 mots : *probus vixit, fortis obiit.* »

Il avoit projetté une tragedie de Lucrece, en prose,
avec toutte la simplicite des Grecs ; on voyoit Lucrece,
travaillant a la lueur des lampes au milieu de ses femes
auxquels elle distribuoit des laines ; il me dit: « C'est
25 pour un parterre Francois un spectacle ridi[cule] qu'une
feme violée, mais si je l'avois achevée j'aurois voulu qu'en
paraissant violée, elle eut excité l'indignation, le respect,
la colere, la pitié, les larmes. » — « Vous auriés bien
fait, lui dis je, de braver le vain ridicule, l'arme des
30 foibles et des méchants, pour montrer la vertu respectable dans toutes les positions de la vie [1]. — Il me dit:

1. F. 152. Bernardin raconte ensuite à Rousseau qu'il a songé, lui, à
faire une pièce sur Jeanne d'Arc. Cf. mon *Bernardin de Saint-Pierre
d'après ses manuscrits*, p. 296-299.

« Il y a la des cenes admirables, mais on s'en moqueroit ;
elle a eté trop couverte de ridicule. » — « Dans quel
siecle malheureux somes nous !... Une fille que Rome eut
placé au Capitole [et représentée] soutenant le trone des
5 empereurs ; a qui Sparte eut dressé des autels ! Et nous
osons parler de patriotisme ! » — « Si vous voulés traiter ce sujet, qui est très beau, vous trouverés a la bibliotheque de l'abaye St Germain des Pres les memoires
de son proces. Voici come je l'ai scu, un jour qu'en bou-
10 quinant je tombai sur un manuscrit : c'etoit le procès de
la Pucelle, avec les interogatoires ; un abé lisoit deriere
moi : d'un air leste [il] voulut me l'oter des mains ; je
l'aretai, et demandai au marchand combien il en vouloit :
— Un louis. — Je le tire de ma poche, et je le donne.
15 L'abe confus se retire. Je l'ai remis a la bibliotheque de
Geneve : le scavant Sallier, qui en etoit bibliothecaire,
me dit qu'il etoit fort rare, et qu'il n'en connoissoit qu'un
semblable a l'abaye St Germain. »

Il avoit voulu traiter un sujet bien plus beau : c'etoit
20 une societe heureuse par les seules loix de la nature et de
la vertu, sujet digne de la plume de Fenelon et de
l'ame de Rousseau ; come, par ses conseils, ses avis, plusieurs de ses idées, je m'en suis ocupé, je n'entrerai pas
dans un plus grand detail, parce ce que je me le reserve,
25 si le tems, ma sante, et les circonstances, me permettent
d'y mettre la derniere main. Ce sujet a fait souvent le
sujet de nos conversations...

Il avoit voulu faire un traité sur les avantages de l'adversité, un autre sur ceux de la vieillesse : il etoit mecon-
30 tent, disoit il, de celui de Ciceron [1] ; et quel service il

16 Genève : l'abé Sallier.

1. « Il avoit voulu faire un traite sur la vieilesse et sur l'adversite ; il
n'aimoit pas celui de Ciceron » [f. 108].

eut rendu au genre humain ! Il a rendu l'enfance a
la vie humaine : que ne lui a t il rendu la vieillesse ?
Je ne scais la dessus aucune de ses idées ; mais, en comparant... combien nos vieillarts tristes, de mauvaise
5 humeur, lui, content, tranquile, heureux, [je me dis :] ah !
c'etoit a lui a traiter de si beaux sujets ! Son experience,
son eloquence, ses vertus. *Tua vita dignior ætas.* S'il n'a
pas ecrit sur ces deux sujets, la maniere dont il les a
suporté vaut mieux qu'un traité [f. 152].

IX

MORALITÉ DE SES OUVRAGES

Jamais rien d'obscene n'est sorti de sa plume, ni de sa bouche [f. 129].

5   Jamais n'a dit une obscenité ; ses pensées sur les femes : « La plus vertueuse [est] la plus aimable » [f. 116].

Sur les mœurs des femes, [il avait] une opinion singuliere : — que les vierges ne sentent [pas] mauvais [f. 114].

10   *Sur ses ouvrages.*

Quand a son genie, on ne peut s'egarer beaucoup avec lui ; car, plein de franchise, et dirigeant tout a la vertu et a Dieu, il ramene au principe de la religion... Dans un siecle mauvais, il a rendu plus de services a la religion 15 qu'on ne croit.

Son genie traversa les forests, les plaines, escaladant les rochers, ouvrant de grandes vues...

Il a à un degré superieur le genie de l'observation ; il ne s'egare que dans les consequences ; souvent, d'un 20 point observe, il entrouvre des loix nouvelles [f. 137].

De J. J. R. : ses ouvrages, ses talens.

On doit juger un homme par l'utilité dont il a eté : ainsi R. un des plus grands homes, en ce qu'il a raproché l'home de la nature.

Il ne faut pas disconvenir que son Heloise, que son amant, qui les voit ne risque beaucoup ; que ses sentimens sur la religion, comme protestant, ne soient dangereux, injustes en plusieurs points.

5 Mais dans un siecle de destruction il s'est efforcé de reparer. Dans l'Heloise il offre un modele au repentir. Il n'offre que des doutes sur des parties du dogme, tandis que l'objet principal semble inconnu. Il va avec la raison aussi loin qu'il peut aller.

10 Il isole son Emile... ; ne pouvant gueres l'attacher a la societe il s'est efforcé de batir, dans un siecle ou l'on s'efforce de detruire. S'il semble desesperer du bonheur du genre humain, il ne desespere pas du bonheur de l'home : il rend a la nature son Emile, son Heloise...

15 Il a donc rendu les enfans aux meres, les meres aux enfans ; il fait aimer la vertu, regner les mœurs, s'aprocher de la nature ; [il] rend les homes meilleurs [f. 104].

Sur les ouvrages de M^r. R.

Il ne se fait d'aucune religion pour les examiner
20 touttes... : rejettant les temoignages des homes, il se decide en faveur de la religion chrétienne, à cause de la sublimité de sa morale, et du caractere divin qu'il entrevoit dans son auteur. Quand au gouvernement, c'est ici que, desesperant des homes, et ne s'ocupant que de
25 l'home, il l'isole, lui aprend un metier pour le mettre a meme d'echaper aux injustices des sociétés... Ce qui rend son enfance (?) si interessante, il le met au sein de la nature...

D'une feve plantée il tire, come d'une semence, l'origine des loix et de la jurisprudence.
30

Il est vrai qu'il a fait le Contrat Social ; mais ces loix

trop generales ne peuvent gueres s'apliquer a un peuple, come celle de l'architecture aux particuliers batissant sur des terains irreguliers.

Il a dans ses Lettres de la Montagne voulu reformer
5 Geneve; mais les persecutions eprouvées lui ont apris que, de tous les gouvernemens, les loix de l'aristocratie ne pouvoient se denouer, mais qu'il falloit les rompre.

Ce n'est point par le despotisme, ni meme par l'anarchie, c'est par l'aristocratie, ou le gouvernement des
10 riches, que tous les etats ont peri : a commencer par la Grece, Rome, et, de nos jours, la Pologne.

Je ne scaurois m'empecher de souhaiter qu'il eut vecu 30 ans plus tard, qu'il fut né francois, sous le gouvernement d'un prince qui, par ses mœurs, et le desir de rendre
15 son peuple heureux...

Au lieu de generaliser et d'etendre ses idées, il les eut adaptées a nos besoins et il me semble qu'il eut trouvé des enccuragemens pour hazarder la reforme entiere d'un peuple, deja preparée par Fenelon qui a indiqué en quoi
20 consistoit le bonheur d'une nation. Je crois qu'il l'eut trouvée, la cause de nos maux, dans ces 2 points : l'education et les grandes proprietés.

L'education nous rend vains, desireux de captiver et subjuguer autrui ; en vain [on fait apprendre des] discours
25 de gramaire, de litterature : elle avilit les ames par les chatimens receuillis des Juifs ou des Grecs du Bas Empire ; cette ambition, ou emulation, ne menant a rien d'utile dans le monde ou tout s'achete, elle se tourne d'active en passive, et, aigrissant les ames, elle engendre les
30 duels, les calomnies, les proces, les haines, les superstitions meme, les sectes dont la passion unique est de detruire sans autre motif.

D'une autre coté les grandes proprietés, qui ont formé

la venalité, ne [font] que s'acroitre chaque anée d'une part, tandis que l'indigence du plus grand nombre croît ; de la, dans un certain ordre, pour subsister, cette foule de comediens, d'academiciens, gens de lettres, artistes,
5 medecins, avocats, tres surabondants, comme dans la decadence de la Grece et de l'Italie ; d'un autre part, dans le peuple, les mendiants, les voleurs, les filles de joye, les mendiants, si nombreux qu'ils sont aujourdhui a la 4e partie des habitans d'après un calcul simple tiré des
10 provinces les plus riche, Livarot et les Loges.

On me dira a cela : « Que m'importe après moi l'existence de l'Etat ? » Voila donc pourquoi il faut rentrer dans l'education nationale pour inspirer la vertu et [faire] des loix qui deffendent les grandes proprietés.

15 L'indigence n'est pas encore portée ches nous come en Italie ; il n'y a ni tant de theatres ni d'academies ; le peuple ne chatre pas encore ses enfans ; la France a encore ses princes naturels, notre(?) unique esperance [f. 159].

Tous ses ouvrages portent sur les plus tendres affec-
20 tions : son Devin du Village, le charme de l'amour champetre. Daphnis et Cloë, dont 2 actes finis, le 3e imparfait ; la reformation et les plaisirs avoués (?) de la vertu dans Heloise ; les charmes de l'enfance dans l'Emile. Il me vouloit engager a le continuer. Il auroit, s'il eut ete
25 plus jeune, voulu faire un traité sur la vieillesse, et des avantages de l'adversité. Il cherchoit dans toutes les scituations de la vie les moyens d'etre heureux par la vertu.

Il avoit fait des traductions des meilleurs morceaux du Tasse, un poeme sur le sujet du [Lévite] qui coupe sa
30 femme en morceaux ; il avoit mis en musique des lamentations de Jeremie : *quo modo facta est vidua regina civitas* ; des romances angloises, sur la fin de ses jours.

1 dans le ms. : *fait*

Si du sejour reserve a la vertu maheureuse il y a
encore quelque comunication avec cette vie si agitée, vous
jouissés de cette harmonie ; vous vous plaisés encore le
long de ce fleuve ; vous voyés ces harmonies divines,
5 ces lieux que, come Homere, vous avés revetus d'un nom
imortel : Vevay, Clarence, le lac de Geneve. Vous
voyés ces ames heureuses que vous avés aimés : Fénelon,
Plutarque [f. 127].

X

SA PHILOSOPHIE [f. 101].

Son influence sur son siècle.

Il a corrigé et reformé des libertins : j'ai conu un jeune
5 homme à qui il avoit inspiré l'amour de l'héroisme, au
point qu'il eut été le fanatique de la vertu [f. 125].

Sur les hommes.

Il m'a dit souvent : « Je crois connoitre l'homme, mais,
pour les homes, je ne les connois pas [f. 117].
10   J'en avois communiqué ¹ a J. J. qui frapé ; quoi qu'il
fut facile sur les ouvrages d'autrui, son admiration etoit
un eloge...
    « Il est bien vrai qu'il y a une raison universelle : on la
refuse aux animaux, mais un et un sont deux pour eux
15 come pour les homes ; ils ne l'etendent pas hors de leur
besoin, et si un homme come Voltaire eut été renfermé
dans le corps d'un oiseau, il n'eut pas volé autrement ni
autrement fait son nid. »
    Descartes la nie et Mallebranche : ces grands genies,
20 voulant justifier la bonté de Dieu, se refusoient au sentiment de leur conscience. On dit même que Malebr.,

16 un homme éclairé come Voltaire étoit renfermé

1. Bernardin avait communiqué à Rousseau une partie de ses *Études de la Nature* encore inédites.

pour prouver qu'ils n'etoient que des machines, tua sa chiene prest de mettre bas d'un coup de pied. — « C'est, me disoit J. J., [que] quand on commence a raisoner on cesse de sentir. »

5 D'ailleurs la mienne[1] n'etoit elle pas suspecte ? La facilité avec laquelle j'avois fait moi meme (?) un sisteme sur la vegetation me prouvoit combien elle [était capable] de m'egarer[2]. J. J., a qui je le lus, me dit : « Il me faudroit six mois pour y repondre ; encore n'en serois [je] 10 pas sûr » [XCVII, f. 281].

Il me disoit qu'il n'auroit voulu etre que ce qu'il etoit ; que [c'était une erreur] de se patroner sur les grands homes, qu'ils devroient nous servir d'exemple et non de patron ; qu'il falloit être soi même [f. 114].

15 Je lui disois : « Si j'avois eté riche, j'aurois eté voluptueux. » — « Et moi aussi, me dit il ; nos vertus dependent plus qu'on ne croit des circonstances, come une plante de sa latitude » [f. 120].

Il me disoit : « C'est un grand présent fait à l'homme 20 que le travail[3]. »

Il me disoit : « Je ne suis heureux que depuis que je suis tout a fait sans espérance. » — Je lui dis : « Les espérances sont comme les nerfs : a demi coupés, des douleurs horibles ; coupés tout à fait, ils ne font plus 25 de mal. Les homes attachent trop d'importance à la vie : il semble que tout l'ouvrage de la création ait eté pour nous. » Il me disoit : « Il faut mepriser les homes et agir

2 sa chiene pleine d'un coup

1. Ma raison.
2. C'est le dialogue qui suit le *Voyage à l'Ile de France* : « *Entretiens sur les arbres, les fleurs et les fruits.* » Œuvres, I, p. 108 sqq.
3. CXXIV, f. 16, et XCVIII, f. 104.

come si nous les avions come témoin. » Je lui repondis : « Avec de pareils témoins, on feroit encore bien des
sottises. Il faut se méfier même des sages » [f. 123].

J'avois raison a la maniere des jeunes gens : mes
5 maximes [étaient] plus severes, mais sa conduite l'etoit
plus, et sa vie. Car combien d'homes qui n'eussent tiré
parti de sa reputation pour vivre autrement que d'un travail journalier, peu lucratif. Sans vouloir etre chef de
party, s'echapant a tous les regards, on voit bien qu'il se
10 proposoit d'autres témoins et d'autres juges que les
homes [f. 109].

Maximes de Rousseau.

Je lui ai oui dire souvent :

« Pour etre heureux, il faut se raprocher de la
15 nature. »

« Je n'ai comencé a etre heureux que quand j'ai été
tout a fait sans esperance. »

« On ne conserve la paix du cœur que par le mepris
de tout ce qui peut la troubler. »

20 « Il faut employer sa vie a dire la verité : *vitam impendere vero.* »

Voila les armes dont il a combattu les vices du genre
humain. Jeune home, ce sont les fleches d'Hercule ! Si
tu oses manier son arc, crains les malheurs de Philoc-
25 tete, les cris douloureux, la solitude, l'abandon [f. 158].

Sur la justice.

Il me repeta plusieurs fois : « Il suffit bien d'etre juste.
Je conois des gens qui ont desiré de se faire aimer de
tous. Mais c'est impossible, meme de se faire aimer d'un

home dans tous les tems. Car, si vous etes obligé de combattre vos passions, vous ne pourés plaire aux autres qu'en flattant les leurs : ainsi aux partis ; ainsi aux grands ; ainsi a sa nation ; ainsi d'etre juste est la plus grande
5 tache que les homes puissent atteindre ; il est permis a Dieu seul d'etre bon.

Ainsi notre education auroit cela d'essentielement vitieux qu'elle ne nous aprend qu'a plaire a ceux qui sont puissans et riches. [Elle] nous disposeroit par cela
10 seul a tous les vices » [f. 123].

Il etoit attaché a la memoire personelle du feu roi [1], le regardant come un prince d'un excellent jugement ; que, dans tous ses conseils, il avoit toujours le mieux prevu et ouvert le meilleur avis ; mais qu'en opinant le
15 dernier, afin qu'on ne deferat pas au sien, la pluralité l'emportoit » [f. 114].

Vouloit que les rois n'eussent point de capitale pour aller a leur peuple, leur peuple ne pouvant venir a eux [f. 116].

1. Louis XV.

XI

MORT DE ROUSSEAU

Nous nous etions donnés parole pour aller à Sevre ; la
semaine se passe : je ne le vois point. Je lui ecris, la sui-
5 vante, et lui donne rendés vous dans la belle allée solitaire de Breteuil ; j'y vais : je ne le vois pas. Je le crus
occupé ou faché ; je laisse passer quelques jours : j'allai
au bois de Boulogne sur les bords de la riviere ; enfin une
rumeur [m'apprend] qu'il s'est retiré a la campagne, on
10 ne scait ou [f. 136].

... Je ne pouvois concilier une pareille conduite avec
les dernières marques de confiance secrette et d'intimité
qu'il m'avoit donnés. Je resolus de lui ecrire pour me
plaindre. Au commencement de ma lettre je lui faisois
15 de tendres reproches d'etre parti sans me rien dire.

Vers le milieu je lui parlois de nos conversations pas-
sées, et je lui proposois de l'aller voir. Je terminois par
ces deux vers que Virgile fait adresser par Gallus aux
bergers de l'Arcadie, et qui faisoient allusion a un projet
20 dont nous nous entretenions souvent :

> *utinam*
>
> *aut maturæ vinitor uvæ.*

Son hote, a qui je la remis, m'asura qu'elle partiroit
au retour de son comissionaire.

25 Cependant des bruits vagues se repandoient dans le

public que les memoires de sa vie paroissoient; qu'il etoit poursuivi; qu'il s'etoit enfui en Hollande. On imaginoit des traits calomnieux, des crimes. Quelle étoit donc la nature de ce chagrin qui l'avoit forcé tout d'un coup de s'isoler, de s'arracher a toute consolation et a
5 tout consolateur? Que faisoit il? Ou etoit il? Preparoit il une apologie? Le persecutoit on? Je lui aurois servi de Pylade (?); j'aurois veille sur ses jours. Avoit il fait une faute? J'aurois pleuré avec lui.

Ma lettre venoit de partir; au milieu des rumeurs de
10 la capitale, et des anxietés de mon ame, ne scachant si je devois l'aimer, l'oublier, le regretter, ou le plaindre, j'ouvre le Journal de Paris, et j'aprends sa mort.

Les amis ordinaires ne sentent rien; un intime, si on l'avoit, le sentiroit trop. Il n'y a que la solitude, a la
15 campagne, qui puisse calmer les peines profondes. Mais, ce que je n'avois jamais eprouvé, ce qu'il n'a pas eprouve lui meme en mourant, c'est que la nature, qui nous conduit si rapidement de la vue de ses ouvrages au sentiment de la divinite, etoit insuffisante pour bannir de mon
20 cœur le souvenir de sa perte. Les environs de Paris me representoieut les lieux ou tant de fois nous nous etions promenes, ceux ou il aimoit a s'asseoir, ceux qui lui rapeloient les jours de son inocence. J'aurois eté plus loin, les plantes dont la terre est couverte, qu'il m'aprenoit a
25 conoître, qu'il conoissoit toutes, celles dont je me souvenois, et celles que j'avois oubliées, me disoient a chaque pas: — Vous ne le reverés plus.

C'etoit bien pis dans la societé: les calomnies passoient de la bouche du peuple dans celle des honetes gens, des
30 honetes gens du monde qui, en les repetant, leur donne[nt] du credit, et qui, en assurant qu'il[s] ne les croye[nt] pas, les font toujours rouler.

Ne scachant ou aller, fuyant les homes qui me disoient du mal de mon ami, et la nature qui m'en disoit trop de bien..... [f. 129].

J'apprends par le Journal de Paris sa mort...

Quel chagrin donc a pu vous enlever a moi, fuyant toute consolation, tout consolateur... ?

Cruel ami, quand vous.. proposiés a ma plume faible de continuer votre Emile, un mois avant ; que, par un de vos pressentiments, vous me dittes : — « Je mourois content », je ne me croyois pas destiné a receuillir les restes de votre vie. Ah ! loin de toucher a vos tableaus, souffrés que je jette quelques fleurs sur votre cercue[il], que le tems couvrira de sa mousse venerable ; vous vivés dans vos ecrits.

Joignés vous à moi, enfans a qui il a rendu le lait maternel etc.[1].

Prosopopée, a la fin [f. 104].

O vous, toutes classes du genre humain, nations dont il (y) a pleuré les maux dans la societé, voyez les biens qu'il vous a montrés dans la nature. O hommes, dont il a embrassé tous les temps, à qui il a rendu le lait maternel, et les caresses, et les leçons de leurs pères, allez brûler à son tombeau les instruments barbares de vos supplices ; pères et mères qui jouissez des tendresses de vos enfants, jeunes amants egarés par la societé et la nature, nouvelles Heloïses, nouveaux Saint-Preux, voyés quelles routes, quel noble et sublime carière il ouvre au repen-

---

1. F. 136. — C'est ici que commence la « prosopopée » qui n'est qu'esquissée à ce folio, et que je reproduis à la suite, d'après un manuscrit plus complet.

tir ; âmes inocentes et heureuses qui vivés pour aimer,
pour qui la societé [est] d'accord avec la nature,... faites
retentir les hameaux du son de sa musique champetre.
— Dignes prêtres qui portez le faix du travail dans vos
apres travaux, qu'il a consolés [et dont il a] ranimé la
foi ; et vous, infortunés, et vous, vieillards, pour la con-
5 solation desquels il vouloit écrire : sa vie est le plus beau
des traités. De combien de fleurs, de douces images, il a
semé sa carière, en marchant dans les sentiers apres de
la vertu [1] !

Epitaphe.

10 Il a cultivé la musique, la botanique, l'eloquence.

Il a combatu et dedaigné la fortune, les tirans, les
hypocrites, les ambitieux.

Il a adouci le sort des enfans, et augmenté le bonheur
des pères ; ouvert dans Heloise une route au repentir, et
15 fait verser des larmes aux amants.

Il a vécu et il est mort dans l'esperance, comune a tous

1. F. 144. — En marge d'une copie de ce morceau, Aimé Martin a
écrit : « Ceci employé dans l'Elisée, à la fin du troisième volume des
études. » (CXXIV, 17). Ces lignes ne figurent pourtant pas dans l'Ely-
sée. — On trouve au dossier CVIII, folio 104, une autre rédaction de
cette prosopopée : « O vous, enfans, generation nouvelle entrée dans la
vie sous ses auspices, a qui il a rendu le lait maternel ; vous dont l'education [est maintenant] dirigée et non forcée ; qui n'avés point eté
battu ; jeunes filles qu'il fait aimer ; ames sensibles et heureuses ; jeunes
gens qu'il a remplis de l'amour de la justice et de l'humanité ; peres,
meres, qui receuillés dans un age avancé les fruits de son education ;
ministres de la religion qu'il a consolés ; malheureux dont il a deffendu
la cause.
Si donc vous voulés etre heureux, marchés dans les sentiers apres
de la vertu ; raprochés vous de la nature. Sa vie, encore mieux que
ses ecrits, a prouvé que, dans toutes les conditions, on pouvoit etre
grand, sublime, sensible ; qu'avec les seules forces de la raison [on a]
assés de motifs de croire ; [qu'on peut], avec un cœur qui cherche la
verité, devenir meilleur ; que la vertu rendoit très aimable.

les homes vertueux, d'une meilleure vie ; il a deffendu la
cause des enfans, des amans malheureux, des infortunés,
de la vertu,

et il a eté persecuté [f. 147].

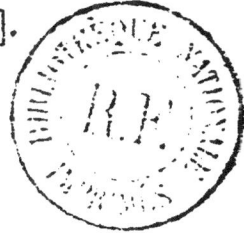

TABLE

MACON, PROTAT FRÈRES, IMPRIMEURS.